BIENVENUE À LISBONNE

Les azulejos, une peinture-tapisserie sur carreaux de faïence.
David_Evora/Getty Images Plus

2

Arriver à Lisbonne

En avion

Aéroport international Humberto Delgado

Portela, env. 6 km au nord du centre-ville - ✆ 218 413 500 - www.aeroportolisboa.pt. Distributeur de billets et change dans le hall d'arrivée. Kiosque **Ask Me Lisboa** (antenne de l'office du tourisme - *✆ 218 450 660 - www.visitlisboa.com - 7h-22h*) : renseignements, plans et brochures, vente de la Lisboa Card (*⊙ p. 125*) et des *vouchers* taxi.

Métro – La ligne rouge relie l'aéroport au centre-ville en 30mn env. - billet 1,47 € avec le Passe Navegante ocasional (*⊙ encadré ci-contre*). Informations : www.metrolisboa.pt

Navettes – Le service Aerobus reliant l'aéroport au centre-ville est suspendu pour une durée indéterminée.

Bus urbain – L'aéroport est relié aux stations de métro Oriente (bus 705 ou 781) et Restauradores (bus 744) ainsi qu'à la praça Marques de Pombal (bus 744 ou 783). Très lent, bagages volumineux non acceptés aux heures de pointe. Billet 2 € (tarif à bord). Trajets, plan du réseau : www.carris.pt

Taxis – Selon la circulation, comptez 15/20 € (suppl. bagages 1,60 €) jusqu'au centre-ville, 18/24 € les jours fériés et la nuit ; assurez-vous que le compteur est mis en marche. Le *voucher* (bon prépayé), en vente au kiosque Ask Me Lisboa au prix fixe de 20,40 € (24,50 € nuit et w.-end), n'a d'autre intérêt que d'éviter d'éventuels abus tarifaires (*⊙ Taxis et VTC p. 126*).

VTC – Uber et Bolt sont les apps les plus utilisées à Lisbonne.

En train

Tous les trains internationaux (ou en provenance du nord et du centre du pays) s'arrêtent à l'**estação do Oriente**. Ils poursuivent ensuite jusqu'à leur terminus, l'**estação Santa Apolónia**, près du centre-ville. Informations : ✆ 808 109 110 ou ✆ 219 023 487 - www.cp.pt

⊙ « Transports en commun » p. 129 et plan des transports au dos du plan détachable.

Spécial transports

Horaires : métro 6h30-1h ; bus et tramway 15E 6h-0h30.

Forfaits les plus intéressants :

Passe Navegante ocasional – Valable dans les métros, trams, bus et funiculaires, rechargeable à volonté - 0,50 € pour la carte *(voir p. 127)*.
⊙ ✆ 214 357 472 - www.vimeca.pt et www.navegante.pt

Lisboa Card – Vendue dans les offices de tourisme *(voir p. 122 et 125)* ; accès illimité aux transports en commun, gratuité dans certains musées et réductions - 21 €/24h ; 35 €/48h ; 44 €/72h.
⊙ www.lisboacard.org

Funiculaire dans le Bairro Alto.
E. Planchard/hemis.fr

Nos incontournables

notre sélection des plus beaux sites

★★★ Pálacio dos Marqueses de Fronteira
Plan A1-2 - p. 78

★★ Alfama
Plan F6-7 - p. 50

★★ Elevador de Santa Justa
Plan E6 - p. 22

★★★ Museu Nacional de Arte Antiga
Plan C7 - p. 38

★★★ Praça do Comércio
Plan EF7 - p. 21

★★ **Miradouro da Senhora do Monte**
Plan F5 - p. 59

★★★ **Museu Calouste Gulbenkian**
Plan D2 - p. 74

★★★ **Torre de Belém**
Hors plan par A8 - p. 46

★★★ **Mosteiro dos Jerónimos**
Hors plan par A8 - p. 42

★★★ **Sintra**
p. 83

Nos coups de cœur

Escalader les ruelles tortueuses à bord du tramway 24E, pour avoir un aperçu des différents visages, tous attachants, du cœur de Lisbonne. Bien moins touristique que le tram 28E, irrésistible et cependant tellement couleur locale ! *Voir p. 128.*

Contempler la ville depuis les miradouros. Bâtie sur sept collines, Lisbonne se révèle sous un angle toujours changeant depuis ses belvédères, souvent dotés de bancs et d'un kiosque pour prendre un verre. Autant d'incitations à la rêverie. *Voir p. 27, 54, 59 et 60.*

Marvila Art District

Le MAD, Marvila Art District.

Siroter un verre dans l'un des bars du Chiado ou du Bairro Alto. Dans ces lieux accueillants et conviviaux, dont la décoration rivalise d'inventivité, on entend toutes sortes de musiques en goûtant les meilleurs vins portugais ou d'improbables cocktails. *Voir p. 98 à 100.*

Arpenter Marvila, fief de la culture underground et nouveau quartier tendance de Lisbonne. Entre art ultra-contemporain, palais du 17e s. et scènes alternatives, trinquer au renouveau du quartier dans l'une de ses micro-brasseries. *Voir p. 66 et 103.*

Admirer les ors de la chapelle São João Baptista de l'église de São Roque, merveille baroque aux matériaux d'une richesse inouïe, réalisée à Rome et acheminée jusqu'à Lisbonne par bateau. *Voir p. 26.*

Plonger au cœur de la jungle dans les serres du parc Eduardo VII. En plein centre de la capitale, elles vous immergent dans une atmosphère tropicale exubérante déclinant à l'infini la palette des verts... *Voir p. 74.*

Flâner dans le quartier aristocratique et tranquille de Lapa, avec ses grands et beaux immeubles aux couleurs pastel. Une promenade qui pourra s'achever dans le délicieux jardim da Estrela. *Voir p. 32.*

Radiokukka/Getty Images Plus

Miradouro da Graça (Sophia de Mello Breyner Andresen).

Passer une soirée branchée autour de la praça do Príncipe Real, où pullulent boutiques et restaurants à la déco recherchée et à la carte alléchante. *Voir p. 27, 92 et 100.*

Débusquer de petites perles de street art au hasard des rues. Cet art éphémère, poétique ou provocateur, fleurit dans tous les quartiers, du Bairro Alto à Marvila, de l'*ascensor* da Glória à la LX Factory et à Belém. *Voir p. 39.*

Goûter à la gastronomie portugaise et lisboète au Mercado da Ribeira. L'occasion de partager un dîner de spécialités sur de grandes tablées, au milieu d'une foule festive et animée. *Voir p. 36 et 94.*

Se laisser conter l'histoire de l'eau. De l'aqueduc des Eaux libres à la station de pompage des Barbadinhos et aux réservoirs des Amoreiras et de Príncipe Real, ces quatre haltes du système historique d'approvisionnement en eau alternent ambiances mystérieuses, archéologie industrielle et prouesses techniques. *Voir p. 28, 30 et 63.*

S'échapper de Lisbonne pour **filer vers le Cabo da Roca**, extrémité occidentale de l'Europe. Ce cap sauvage décoiffé par les vents, c'est le *finis terrae*, le bout du monde du poète Camões. *Voir p. 87.*

Lisbonne en 3 jours

Jour 1

Matin

Après un petit-déjeuner au café Nicola, sur le **Rossio★** *(p. 19 et 98)*, partez à la découverte du quartier en damier de la **Baixa★★** *(p. 20)*. Arrivé **praça do Comércio★★★**, faites une halte à la terrasse de l'un de ses cafés pour mieux admirer cette superbe place *(p. 21)*. Empruntez l'**elevador de Santa Justa★★** pour gagner les hauteurs du **Chiado★** *(p. 22)*.

Midi

Déjeunez dans un restaurant du Chiado *(p. 91)*.

Après-midi

Visitez l'**église de São Roque★** toute proche et son éblouissant **musée★** *(p. 26-27)*, avant de vous offrir une pause au **belvédère de São Pedro de Alcântara★** *(p. 27)*. Poussez jusqu'à la **praça do Príncipe Real** *(p. 27)* pour une séance de lèche-vitrines. Descendez l'une des ruelles du **Bairro Alto★** *(p. 26)* pour rejoindre la **praça Luis de Camões**, flâner **rua Garrett** et découvrir le **MNAC★** *(p. 24)*, le musée d'art contemporain du Chiado. De là, quelques pas vous conduiront à l'**Alto de Santa Catarina★★** *(p. 25)* pour le coucher de soleil.

Soir

Dînez dans un restaurant du **Chiado** ou du **Bairro Alto** *(p. 91-92)*, avant de poursuivre la soirée dans l'un des nombreux bars de ces deux quartiers mitoyens *(p. 98-100)*.

Jour 2

Matin

Grimpez jusqu'au **Castelo de São Jorge★★** *(p. 50)*, en faisant étape à la **Sé Patriarcal★★** *(p. 57)*. En flânant dans le labyrinthe des ruelles de l'**Alfama★★** *(p. 50)*, allez visiter le **Museu do Fado** *(p. 55)* ou le **Museu do Aljube** *(p. 56)*.

Midi

Déjeuner dans une gargote de l'Alfama ou de la Mouraria *(p. 95)*.

Après-midi

Le tram 28E vous conduira dans le quartier de **Graça**. Après avoir découvert **São Vicente de Fora** *(p. 60 et 62)* et le **Panteão Nacional★** *(p. 63)*, descendez vers **Santa Apolónia** et prenez le bus pour rallier le passionnant **Museu Nacional do Azulejo★★** *(p. 64)*.

Et si vous restiez 4 jours ?

Vous pourrez découvrir deux autres sites incontournables : le **Palácio dos Marqueses de Fronteira★★★** le matin *(p. 78)*, et, l'après-midi, le **Parque das Naçoes★** *(p. 68)* avec son fantastique aquarium, l'**Oceanário de Lisboa★★** *(p. 71)*.
En prenant le train, un 4e jour peut aussi vous permettre de piquer une tête dans l'Océan *(p. 86)*, ou de percer quelques-uns des secrets de la mystérieuse **Sintra★★★** *(p. 83)*.

brytta/Getty Images Plus

Le Tage depuis la tour de Belém.

Soir

Dînez dans les quartiers du **Beato** ou de **Marvila★** *(p. 96)*, ou bien vers **Cais do Sodré**, au **Mercado da Ribeira** *(p. 94)*. Jouez les prolongations avec une **soirée fado** dans le Bairro Alto *(p. 112 et 150)*.

Jour 3

Matin

Prenez le tram 15E à la praça da Figueira pour **Belém★★**, où vous verrez le **Mosteiro dos Jerónimos★★★** *(p. 42)* et la **Torre de Belém★★★** *(p. 46)*.

Midi

Déjeunez à Belém *(p. 95)* ou prévoyez un pique-nique à savourer sur les rives du Tage ou dans le jardin en face du monastère. Au dessert, *pastel de nata* à l'**Antiga Confeitaria** *(p. 102)*.

Après-midi

Découvrez le **MAAT★** *(art et architecture d'avant-garde, p. 47)*, puis filez en taxi vers l'un des plus prestigieux musées de la capitale : le **Museu Nacional de Arte Antiga★★★** *(art ancien, p. 38)* ou le **Museu Calouste Gulbenkian★★★** *(art oriental et européen, p. 74)*.

Soir

Jetez un œil à l'agenda des **spectacles** *(p. 110)* pour ne pas manquer un concert à la fondation Gulbenkian *(p. 113)* ou au théâtre de São Carlos *(p. 110)*.

VISITER LISBONNE

Praça do Comércio.
Ingus Kruklitis/Getty Images Plus

Lisbonne aujourd'hui

Postée à la pointe atlantique de l'Europe, dans l'estuaire du Tage, **Lisboa** (prononcer *Lijboa*) respire le vent du large à pleins poumons. Entre les deux énormes ponts qui bordent ses flancs, une nuée de cargos, ferries et voiliers sillonne sa rade majestueuse, surnommée la **mer de Paille** en raison de ses reflets dorés. Lisbonne, ses sept collines et ses ruelles serpentines... Ce serait un peu une Rome qui aurait eu des envies de voyage, poussant jusqu'à l'Atlantique pour regarder partir ses navires et contempler le temps qui passe.

La belle indolente

Vue d'en haut, la ville aux sept collines ressemble à un labyrinthe de ruelles et d'escaliers biscornus, coloré de toits roses et de façades ocre. Capitale cosmopolite d'un peu plus de 547 000 habitants, elle arbore toujours le visage enjôleur d'une vieille cité populaire, désordonnée et un peu canaille, aux ruelles étroites ornées de linge en train de sécher, aux tramways cahotants, aux balcons croulant sous les pots de fleurs. S'y promener est un régal, tant le spectacle de la rue est partout vivant, chaleureux, indolent : les chats qui paressent au soleil au milieu de la chaussée, les tavernes d'où s'échappent la rumeur les soirs de match et parfois un air de fado, les anciens devisant sur un banc posé sur les trottoirs pavés de noir et de blanc des *calçadas portuguesas*... Dans cette cité océane pétrie de songes, vous ne tarderez pas, vous aussi, à vous laisser envahir par la *saudade*, cette mélancolie dépourvue de tristesse, caractéristique de l'âme portugaise. Son pendant musical est le **fado**, beau et lancinant, qu'il faut partir écouter le soir, dans les petites tavernes du **Bairro Alto** et de l'**Alfama**. Lisbonne invite au rêve, à la flânerie, et même au vague à l'âme.

La cité pombaline

La ville est réputée nonchalante. Mais que l'on ne s'y trompe pas. Derrière son air placide, Lisbonne est aussi la ville des brusques secousses et des changements imprévisibles. La **Baixa** nous le rappelle sans cesse : c'est ici, dans la ville basse, que la cité renaquit de ses cendres après le séisme de 1755, poussée par la volonté sans faille du marquis de Pombal, le Premier ministre de l'époque. Il en fit alors la vitrine de l'Europe, la rendit insolente de beauté, un symbole de prospérité ouvert sur le **Tage**, son décor rappelant que c'est par l'embouchure du fleuve que le Portugal s'est nourri durant cinq siècles d'une richesse venue d'outre-mer.

Une ville cosmopolite et populaire

Cinq siècles de domination romaine et quatre d'occupation arabe ont laissé des traces. Déjà cosmopolite à l'époque des **Grandes Découvertes** qui ont fait sa légende, Lisbonne reste une ville métisse et bigarrée, à l'atmosphère plus méditerranéenne qu'atlantique, et compte d'importantes communautés d'immigrés venus des anciennes colonies du Brésil, de Goa et d'Afrique et plus tard d'Europe de l'Est. La capitale portugaise a conservé son aspect populaire, ses *bairros* (quartiers) qui sont autant de villages où les générations se mêlent.

Une capitale en mutation

Lisbonne s'est longtemps sentie plus proche du Brésil et du Mozambique que de Paris et Londres. L'entrée du Portugal dans la CEE, en 1986, se fit certes sans heurt, mais le bouleversement n'en fut pas moins total. La ville se refit alors une beauté, à grand renfort de grues et de marteaux-piqueurs. Témoins de ce dynamisme, les mégacentres commerciaux (Amoreiras, Colombo), le **Parc des Nations** (Expo universelle de 1998) ou le **stade de la Luz** (2003). Plus récemment, la réhabilitation des **docks de Santo Amaro** et l'aménagement des **rives du Tage** autour de la praça do Comércio (Ribeira das Naus à l'ouest et autour d'Alfândega à l'est) ou l'architecture avant-gardiste du **MAAT** à Belém (2016) renvoient l'image d'une ville qui bouge.

Désignée **capitale verte de l'Europe** en 2020, Lisbonne a pris une série de mesures destinées à améliorer la qualité de vie de ses habitants et de ses visiteurs : développement des transports non polluants, mise en place de taxis fluviaux le long du Tage, limitation drastique de la circulation automobile, avec piétonnisation de la Baixa, d'une partie de l'avenida da Liberdade, ainsi que de certaines rues du Bairro Alto. Afin de lutter contre le réchauffement climatique et de

P. Jacques/hemis.fr

Praça das Flores, dans le Bairro Alto.

favoriser la biodiversité, **350 hectares d'espaces verts** nouveaux ont été créés. Une vaste politique de végétalisation de l'espace urbain est en cours : pour preuves, la jonction entre les parcs de la fondation Gulbenkian et la praça de Espanha, ainsi que la plantation de quelque **20 000 arbres** !

La mise en avant des **transports publics** s'inscrit dans le même esprit, et devrait se traduire dans les années qui viennent (2025-2035) par la création de nouvelles stations de métro et une réorganisation progressive du réseau. Eco-friendly, dynamique, à l'aise dans sa vision du futur comme dans l'éloge de ses racines, Lisbonne possède décidément plus d'un atout charme !

SINTRA
PENICHE, TORRES VEDRAS
CARNIDE
Pontinha
Alfornelos
Amadora Este
Telheiras
Carnide
BENFICA
COLOMBO
ESTADIO DA LUZ
VENDA NOVA
Reboleira
Colégio Militar
Lusíada
Museu da Música
Alto dos Moinhos
CALHARIZ
DAMAIA
Sta Cruz Damaia
Benfica
Laranjeiras
Jardim Zoológico
Sete Rios
PALÁCIO DOS MARQUESES DE FRONTEIRA
FORTE DE MONSANTO
ALFRAGIDE
ALTO DA BOAVISTA
Aqueduto das Aguas Livres
ALTO DA SERAFINA
Parque Florestal de Monsanto
Campolide
AMOREIRAS
MONTES CLAROS
CASELAS
CARAMÃO
ALTO DA AJUDA
Palácio Nacional da Ajuda
Jardim Botânico
R. do Cruzeiro
R. do Guarda Jóias
PALÁCIO DAS NECESSIDADES
FORTE DO ALTO DUQUE
Museu Nacional de Etnologia
B-MAD
LX Factory
Museu da Carris
AJUDA
RESTELO
CCC Macau
Experiência Pilar 7
Museu do Oriente
MOSTEIRO DOS JERÓNIMOS
BELÉM
Belém
MAAT
CENTRO DE CONGRESSOS
Doca de Sto Amaro
PONTE 25 DE ABRIL
TORRE DE BELÉM
voir plan Belém
CASCAIS
TRAFARIA
PORTO BRANDÃO
COSTA DE CAPARICA, SETÚBAL
A
B
N
P
Q

LISBOA
Agglomération
COIMBRA, FÁTIMA, VILA FRANCA DE XIRA
PONTE VASCO DA GAMA
CACILHAS
BARREIRO, MONTIJO
C
D
N
P
Q
Oceanário
voir plan Parque das Nações
voir plan Marvila
voir plan Rato - Estrela-Lapa
voir plan Mouraria - Graça - Sta Apolónia
voir plan Baixa
voir plan Alfama
voir plan Chiado - Bairro Alto
ALVALADE
AREEIRO
MARVILA
BRAÇO DE PRATA
Parque Ribeirinho Oriente
BEATO
SÃO JOÃO
PENHA DE FRANÇA
Madre de Deus
Museu Nacional do Azulejo
Museu da Água da EPAL
Museu Militar
MUSEU C. GULBENKIAN
Casa-Museu A. Gonçalves
Museo Bordalo Pinheiro
Museu de Lisboa
Biblioteca Municipal
Estufa fria
Parque Eduardo VII
Pr. Marquês de Pombal
RATO
ESTRELA
BAIRRO ALTO
ROSSIO
BAIXA
CHIADO
GRAÇA
Castelo de São Jorge
ALFAMA
PRAÇA DO COMÉRCIO
MUSEU NACIONAL DE ARTE ANTIGA
TEJO
Campo Grande
Cidade Universitária
Alvalade
Entre Campos
Roma
Roma-Areeiro
Areeiro
Campo Pequeno
C. Pequeno
Bela Vista
Chelas
Olivais
Cabo Ruivo
Braço de Prata
Marvila
Olaias
Alameda
Arroios
Saldanha
S. Sebastião
Picoas
Anjos
Avenida
Rato
Santos
Cais do Sodré
Santa Apolónia
Pr. de Espanha
Rot. do Relógio
Av. Mal Craveiro Lopes
Av. Mal Gomes da Costa
Av. do Brasil
Av. de Roma
Av. Rio de Janeiro
Av. dos Estados Unidos da América
Av. das Forças Armadas
Av. A. Pais
Av. 5 de Outubro
Av. da República
Av. de Berna
Av. E. Garcia
Av. de A. J. de Almeida
Av. João XXI
Av. A. Costa
Av. Alm. Reis
Alm. Gago Coutinho
Av. Dr. A. Vicente
Av. Mal António de Spinola
Av. do Sto Condestável
R. E. F. Dias
Av. Dr A. de Castro
Av. Infante Dom Henrique
R. Cintura do Porto
Av. C. Pinhão
Estr. de Chelas
R. G. Pais
Av. Afonso III
Av. Mouzinho de Albuquerque
R. Morais Soares
R. A. Gonçalves
Av. Gen. Roçadas
R. P. de Melo
Av. F. P. de Melo
Av. A. A. de Aguiar
R. Gomes Freire
Av. da Liberdade
Campo Grande
28
0
1 km
18
Ligne de tramway
Échangeur complet / partiel

15

La Baixa★★ et le Rossio★

(La ville basse)

Du droit, du carré, du classique : la Baixa, piétonne depuis 2020, est longtemps restée la vitrine urbaine la plus enviée d'Europe, un quartier modèle bâti selon les principes des Lumières et les plans du marquis de Pombal, après le tremblement de terre de 1755. Elle demeure aujourd'hui encore le cœur de Lisbonne, un damier de rues fort animées en journée, où il fait bon flâner, des rives du Tage à la praça Dom Pedro IV, plus couramment appelée « Rossio ».

▶**Accès :** M Baixa-Chiado, Rossio ou Restauradores. Tram 12E, 15E, 28E.

Plan de quartier p. 18. Plan détachable EF6-7.

▶**Conseil :** Privilégiez ce quartier en journée. Le soir, une fois baissé le rideau des boutiques, seule la rua das Portas de Santo Antão reste vraiment animée.

Praça dos Restauradores

La **place des Restaurateurs** doit son nom aux hommes qui, en 1640, se révoltèrent contre la domination espagnole et proclamèrent l'indépendance du Portugal. Au centre, un obélisque commémore l'événement. L'ouest de la place est occupé par le **Palácio Foz**, construit à la fin du 18e s. par l'architecte italien Francesco Savario. La belle façade saumon abrite l'office du tourisme de Lisbonne et du Portugal (*➜ p. 122*). À gauche du palais Foz, l'**Eden Teatro** (1937) conserve une partie de sa façade mi-Art déco mi-futuriste. Il abrite désormais un appart-hôtel (*➜ p. 115*).

Rua das Portas de Santo Antão

Bourdonnante d'activité en soirée, cette rue piétonne accueille salles de spectacle (le Coliseu dos Recreios au n° 96), cafés, restaurants et commerces. Au n° 58, la **Casa do Alentejo** se niche dans l'ancien palais Alverca (fin 17e s.) et s'ouvre sur un insolite patio mauresque richement orné. Consacré à la promotion de l'Alentejo, le lieu comprend un restaurant (*➜ « Se restaurer » p. 90*) et sert d'amicale aux habitants de Lisbonne originaires de cette région.

Rossio ★

La **praça Dom Pedro IV**, ou Rossio, grand-place très animée de la Baixa, existe depuis le 13e s. C'est le lieu des grands rassemblements populaires, des fêtes et des défilés militaires. Sous l'Inquisition s'y déroulaient de terribles autodafés. Avant le séisme de 1755, elle abritait plusieurs des bâtiments principaux de la ville. Sa configuration actuelle est l'œuvre du marquis de

L'arche ouvrant sur la praça do Comércio.

VIRTVTIBVS
MAIORVM
VT SIT OMNIBVS DOCVMENTO P.P.D.

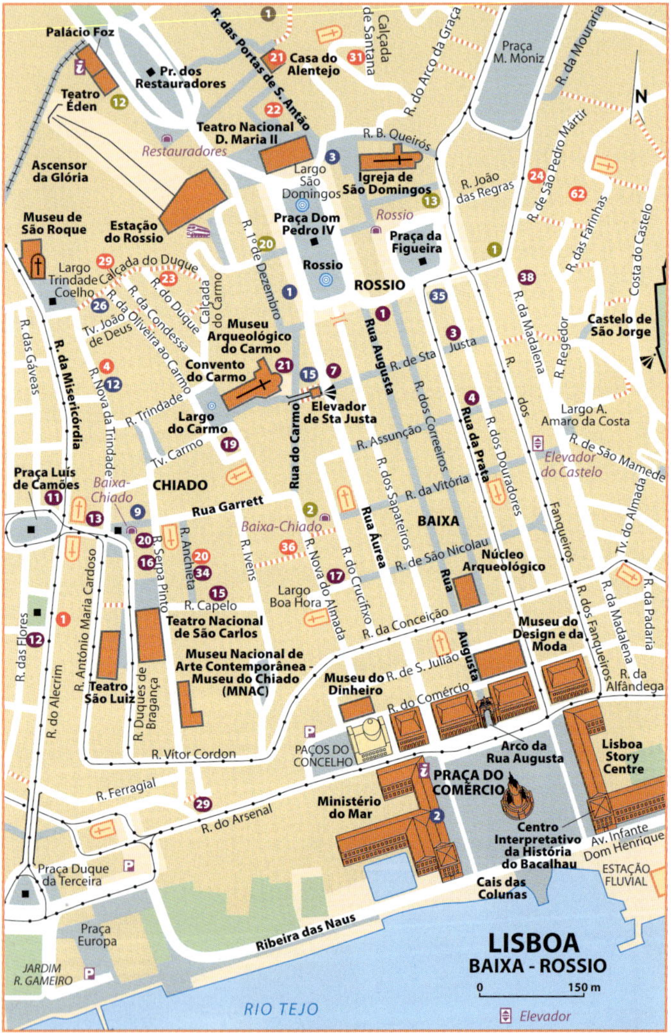
LISBOA
BAIXA - ROSSIO
0
150 m
Elevador
Palácio Foz
Pr. dos Restauradores
Teatro Éden
Restauradores
Ascensor da Glória
Casa do Alentejo
R. das Portas de S. Antão
Teatro Nacional D. Maria II
Largo São Domingos
Igreja de São Domingos
Estação do Rossio
Museu de São Roque
Praça Dom Pedro IV
Rossio
Praça da Figueira
ROSSIO
Calçada de Santana
R. do Arco da Graça
Praça M. Moniz
R. da Mouraria
R. B. Queirós
R. João das Regras
R. de São Pedro Mártir
R. das Farinhas
Costa do Castelo
Castelo de São Jorge
Largo Trindade Coelho
Calçada do Duque
R. do Duque
Calçada do Carmo
R. 1° de Dezembro
Museu Arqueológico do Carmo
Convento do Carmo
Elevador de Sta Justa
R. de Sta Justa
Rua Augusta
R. dos Correeiros
Rua da Prata
R. dos Douradores
R. da Madalena
R. dos Fanqueiros
R. Regedor
Largo A. Amaro da Costa
Elevador do Castelo
R. de São Mamede
Tv. do Almada
R. das Gáveas
R. da Misericórdia
Tv. João de Deus
R. da Oliveira ao Carmo
R. da Condessa
R. Nova da Trindade
R. Trindade
Largo do Carmo
Tv. Carmo
Rua do Carmo
R. Assunção
R. dos Sapateiros
R. da Vitória
Praça Luís de Camões
Baixa-Chiado
CHIADO
Rua Garrett
Rua Áurea
BAIXA
R. de São Nicolau
Núcleo Arqueológico
R. Serpa Pinto
R. Anchieta
R. Ivens
R. Nova do Almada
R. do Crucifixo
Rua Augusta
R. Capelo
Largo Boa Hora
Teatro Nacional de São Carlos
R. da Conceição
Museu do Design e da Moda
R. da Padaria
R. da Alfândega
R. das Flores
R. do Alecrim
R. António Maria Cardoso
Teatro São Luiz
R. Duques de Bragança
Museu Nacional de Arte Contemporânea - Museu do Chiado (MNAC)
Museu do Dinheiro
R. de S. Julião
R. do Comércio
Arco da Rua Augusta
Lisboa Story Centre
R. Vítor Cordon
PAÇOS DO CONCELHO
PRAÇA DO COMÉRCIO
R. Ferragial
Ministério do Mar
R. do Arsenal
Centro Interpretativo da História do Bacalhau
Av. Infante Dom Henrique
ESTAÇÃO FLUVIAL
Praça Duque da Terceira
Cais das Colunas
Praça Europa
Ribeira das Naus
JARDIM R. GAMEIRO
RIO TEJO
N

Pombal (*encadré p. 20 et p. 145*). En son centre se dressent la statue en bronze (1870) du roi Dom Pedro IV, premier souverain du Brésil, et deux fontaines baroques.
La **façade★** néomanuéline (19e s.) de l'**estação do Rossio** est particulièrement photogénique.
La place est bordée d'immeubles pombalins, occupés au rez-de-chaussée par des cafés, dont le célèbre **Nicola** à la façade Art déco (*p. 98*). D'autres petits commerces ont conservé leur décoration du début du 20e s. Près de Nicola, jetez un coup d'œil au débit de tabac décoré d'azulejos de Rafael Bordalo Pinheiro.

Teatro Nacional Dona Maria II

Fermant la place au nord, ce bâtiment néoclassique a été bâti vers 1840 sur l'emplacement de l'ancien palais de l'Inquisition. Il présente une façade à péristyle et fronton surmontée de la statue de Gil Vicente, célèbre auteur dramatique portugais du 16e s.

Igreja de São Domingos

Largo de São Domingos.
Cette monumentale église baroque, l'une des plus vastes de la ville, accueillait les baptêmes et les mariages royaux. Elle a été laissée tel quel après l'incendie ravageur de 1959 : les dorures des statues se détachent sur les piliers noircis et endommagés, sous la haute voûte couleur brique, offrant une vision étrange et saisissante.

Praça da Figueira

De plan carré, cette **place du FIguier** ornée d'une statue équestre de Jean Ier (1971) est bordée d'immeubles classiques. Elle s'étend à l'endroit où s'élevait l'Hospital Real de Todos os Santos, vaste hôpital achevé sous Manuel Ier et détruit en 1755. Les derniers jours de chaque mois s'y installent des stands de gastronomie portugaise.

SE RESTAURER
- Palácio Chiado 1
- Bairro do Avillez 4
- Alma 20
- Casa do Alentejo 21
- Gambrinus 22
- Café Buenos Aires 23
- Tentações de Goa 24
- Oficina do Duque 29
- Cerqueira 31
- Organi Chiado 36
- Cantinho do Aziz 62

PRENDRE UN VERRE
- Café Nicola 1
- Viniportugal 2
- A Ginjinha 3
- A Brasileira 9
- O Purista - Barbière 12
- Gelados Santini 15
- Duque Brewpub 26
- Confeitaria Nacional 35

SHOPPING
- Manuel Tavares 1
- Garrafeira Nacional 3
- A Outra Face da Lua 4
- Discoteca Amália 7
- VeganNata/A Carioca 11
- Fábrica Sant'Anna 12
- Vista Alegre 13
- Cerâmicas na Linha 15
- Burel Factory 16
- Livraria Ferin 17
- Lua de Champagne 19
- Paris em Lisboa 20
- Luvaria Ulisses 21
- Loja das Conservas 29
- A Vida Portuguesa 34
- Ervanária Rosil 38

SORTIR
- Coliseu dos Recreios 1

SE LOGER
- My Story Hotel Tejo 1
- Hotel do Chiado 2
- VIP Eden 12
- Pensão Praça da Figueira 13
- Rossio Hostel 20

Le quartier en damier

En allant vers le Tage, les rues de la Baixa, sagement alignées, forment une sorte d'échiquier entre le Rossio et le fleuve. Piétonnes, elles sont bordées de magasins. La **rua Augusta**, large et élégante, relie le Rossio au centre de la praça do Comércio, au bord du fleuve. De part et d'autre, la **rua Áurea** (rue de l'Or – aujourd'hui la rue des banques et des bijouteries) et la **rua da Prata** (rue de l'Argent) rappellent par leur nom qu'elles étaient, aux 15e et 16e s., le centre du commerce des métaux précieux. Les autres rues parallèles portent des noms de corporations comme les ruas dos Douradores (orfèvres), dos Correeiros (selliers) ou dos Sapateiros (cordonniers). En sous-sol court un réseau de **galeries d'époque romaine** partiellement inondées, découvertes accidentellement après le séisme et ouvertes à la visite deux fois par an *(mars et sept., rens. ℹ)*.

Candide et le style pombalin

« Voici venir le dernier jour du monde », s'écria le Candide de Voltaire dans les ruines de la ville dévastée par le tremblement de terre et le raz de marée qui suivit, le 1er novembre 1755. Les travaux de reconstruction furent entrepris assez vite suivant le plan en damier du marquis de Pombal, Premier ministre de l'époque. La ville basse est aussi appelée « centre pombalin ».

« Architecture et urbanisme » p. 145.

Museu do Design e da Moda (MUDE)

Rua Augusta, 24 - ☏ 218 171 892 - www.mude.pt - fermé pour travaux.

Le **musée du Design et de la Mode** occupe une ancienne banque, où il fait coexister une boutique de design et des espaces d'exposition (vêtements et accessoires, bijoux, mobilier...), notamment dans l'extraordinaire **salle des coffres★** au sous-sol. À la collection rassemblée par **Francisco Capelo**, vaste panorama d'œuvres du 20e s. à nos jours, s'ajoutent ateliers et résidences d'artistes, ainsi qu'un auditorium et un *roof-restaurant* avec vue exceptionnelle sur le centre pombalin. Le MUDE devrait réouvrir début 2024, après huit ans de travaux.

Núcleo Arqueológico

Rua dos Correeiros, 21 - ☏ 211 131 682 - www.fundacaomillenniumbcp.pt/nucleo-arqueologico - lun.-sam. 10h-17h - vis. guidée ttes les heures.

Des vestiges romains sont visibles au sous-sol de la banque Millennium. L'agréable espace muséologique permet de comprendre l'histoire de la Baixa depuis le début de son occupation (7e s. av. J.-C.). Le dallage en verre laisse découvrir la superposition de structures, des immeubles pombalins jusqu'au niveau phréatique. Le site fut occupé par une fabrique de poteries, une nécropole, puis un complexe lié à l'activité portuaire et à la pêche.

Arco da Rua Augusta ★

Rua Augusta - ✆ 210 998 599 - 10h-19h - 3,5 €.
Inaugurée en 1873, l'**arche** achève triomphalement la perspective de la rua Augusta et ouvre sur la praça do Comércio. Un ascenseur donne accès à la salle de l'Horloge, dont on voit le mécanisme. Un escalier atteint ensuite la terrasse, dominée par la statue de la Gloire, entourée du Génie et de la Valeur, œuvres du Français Célestin-Anatole Calmels, d'où s'offre une **vue** à 360° sur la capitale.

Praça do Comércio ★★★

Tout au bord du Tage se dressait le palais royal, détruit par le séisme et le raz de marée de 1755. Les Lisboètes continuent d'appeler cette magnifique place le **terreiro do Paço**, l'esplanade du Palais. Longue de 192 m et large de 177 m, elle est bordée sur trois côtés par des bâtiments classiques crépis de jaune safran, posés sur des galeries à arcades. L'ensemble est caractéristique du style pombalin, à la fois austère et élégant. Au centre de la place se dresse la **statue équestre** du roi Joseph Ier. Cette place a occupé un rôle central dans l'histoire du pays. C'est là que furent assassinés, le 1er février 1908, le roi Charles Ier et le prince héritier Louis Philippe.
Dans le **café Martinho da Arcada** *(angle rua da Prata et praça do Comércio)*, où Fernando Pessoa avait ses habitudes, se trouve encore la table sur laquelle l'écrivain rédigea l'une de ses œuvres les plus célèbres, *Mensagem*. La place accueille aujourd'hui ministères, restaurants et cafés, une luxueuse pousada (hôtel) et l'office de tourisme.
Lisboa Story Centre – *www.lisboastorycentre.pt - 10h-18h - 7 €.* Destiné plutôt à un public scolaire, il retrace l'histoire de la ville à travers une succession de scènes sonorisées, de présentations multimédia et d'un film évoquant le drame de 1755.
Centro Interpretativo da História do Bacalhau – *Torreão Nascente - ✆ 211 126 155 - historiabacalhau.pt - 10h-19h - 4 €.* Ouvert en 2020 pour accompagner la revalorisation des berges du Tage, il vous dira tout sur la morue : histoires de pêche, secrets de cuisine, importance culturelle de « l'amie fidèle » (*p. 154*).

Museu do Dinheiro

Largo de São Julião - ✆ 213 213 240 - www.museudodinheiro.pt - merc.-dim. 10h-18h - gratuit.
Installé dans une église désacralisée, le **musée de l'Argent** retrace l'évolution de la monnaie depuis l'âge du troc, ses différents supports (graines, métaux, papier monnaie, etc.) et les rapports que nous entretenons avec elle. Au sous-sol a été dégagée une partie de la muraille de Dom Dinis, qui protégeait la ville au 13e s.

Cais das Colunas ★

(Quai des Colonnes)

Au sud, comme happée par les eaux, la place débouche sur le fleuve. Un escalier de marbre, encadré de deux colonnes patinées par la marée, glisse doucement dans le Tage. Une agréable promenade, la **Ribeira das Naus**, mène vers l'ouest, du côté de Cais do Sodré (*p. 36*) et de ses quais animés.

Le Chiado★ et Santa Catarina

Niché autour des rues piétonnes do Carmo et Garrett, le Chiado est le périmètre chic, intellectuel et aristocratique de Lisbonne, et fait le lien entre la Baixa et les vieux quartiers du Bairro Alto. Détruit par un gigantesque incendie en 1988, le quartier a été reconstruit par l'architecte portugais Álvaro Siza Vieira dans le respect du style classique qu'il affichait auparavant. Il a ensuite fallu de longues années pour qu'il retrouve un nouveau souffle, renouant avec les boutiques luxueuses, les galeries d'art et les grands magasins qui faisaient sa renommée. On le sillonne avec plaisir, avant de rejoindre Santa Catarina, à l'est, pour une pause panoramique.

▶**Accès :** M Baixa-Chiado. Tram 28E.

Plan de quartier p. 29. Plan détachable DE6-7.

▶**Conseil :** Les ruelles de ce quartier sont pentues et glissantes par temps de pluie ; pour profiter de la flânerie, prévoyez des chaussures adaptées.

Elevador de Santa Justa ★★

(Ascenseur de Santa Justa)

☏ 213 613 054 - 7h30-23h ; nov.-fév. : 7h30-21h - Passe Navegante ocasional (☞ p. 127) ou 5,30 € AR, belvédère inclus. Belvédère seult : 9h-23h (hiver 21h) - 1,50 €.

Comme sorti d'un roman de Jules Verne, l'ascenseur métallique aux ornements néogothiques a été construit en 1901 par Raúl Mesnier de Ponsard, ingénieur portugais d'origine française, influencé par Gustave Eiffel. Il permet d'accéder directement au quartier du Chiado en évitant escaliers et ruelles pentues.

Du café situé sur la plate-forme supérieure, à 32 m au-dessus de la rue, vous bénéficierez d'une belle **vue★** sur le Rossio et la Baixa.

Igreja do Carmo - Museu Arqueológico ★

Largo do Carmo - ☏ 213 478 629 - www.museuarqueologicodocarmo.pt - lun.-sam. 10h-19h ; nov.-avr. : lun.-sam. 10h-18h - 5 €.

L'église gothique des Carmes, bâtie à la fin du 14e s. par le connétable Nuno Álvares Pereira, possède une allure fantomatique. Ses piliers s'élancent vers le ciel, mais ne supportent plus la voûte de la nef, détruite par le séisme de 1755. Vision romantique au possible : voici un exemple achevé de « ruine-mémoire » dont se nourrit la mythologie lisboète.

Le lieu sert de cadre aux collections du petit **musée d'Archéologie des Carmes** : poteries de l'âge du bronze, bas-reliefs en marbre, azulejos

trabantos/Getty Images Plus

Ascenseur de Santa Justa.

hispano-arabes et tombeaux romans et gothiques (gisants de Fernão Sanches, fils naturel du roi Denis Ier, et de Nuno Álvares Pereira).
L'église donne sur l'une des plus charmantes places de la ville, le **largo do Carmo**, bordé de tilleuls centenaires et de jacarandas, où les terrasses de cafés invitent à la pause.

Rua do Carmo ★, rua Garrett

Le long de ces rues commerçantes et piétonnières se succèdent boutiques aux devantures anciennes et galeries commerçantes.
Au bout de la rue Garrett, on atteint le fameux café **A Brasileira** (*« Prendre un verre » p. 99*) que fréquentait régulièrement le poète **Fernando Pessoa**. Depuis le centenaire de sa naissance en 1988, Pessoa est revenu s'installer à l'une des tables de la terrasse, pensif dans son habit de bronze.

Teatro Nacional de São Carlos

Rua Serpa Pinto, 9 - ✆ 213 253 045 - www.tnsc.pt - vis. guidée sur réserv. à visitas@saocarlos.pt.
Situé dans un quartier calme dominant le Tage, l'Opéra de Lisbonne a été construit en 1793 en moins de six mois dans un style néoclassique. Sa façade s'inspire de celle du théâtre San Carlo de Naples. Concerts de musique classique. (*« Sortir » p. 110*).

Museu Nacional de Arte Contemporânea do Chiado (MNAC) ★

(Musée du Chiado)

Rua Serpa Pinto, 4 - ✆ 213 432 148 - www.museuartecontemporanea.gov.pt - mar.-dim. 10h-17h30 - 4,50 €.
L'ancien couvent du 13e s., transformé en usine à biscuits à la fin du 19e s., puis en musée d'art contemporain en 1911, a été réaménagé par l'architecte français Jean-Michel Wilmotte après l'incendie qui a dévasté le quartier en 1988. Il est devenu un espace ouvert, relié par des passerelles, où les anciennes structures en brique sont laissées apparentes. Remarquez au 1er étage les quatre fours à pain, vestiges de l'ancienne usine. Le musée présente des expositions temporaires et une collection permanente de peintures, sculptures et dessins d'artistes portugais de l'époque romantique au 21e s. La visite pourra s'achever à la **cafétéria**, ouverte sur un jardin agrémenté de sculptures.

Praça Luís de Camões

Dominée par la statue du grand poète épique et recouverte de pavés aux motifs originaux, la place fut l'un des théâtres de la **révolution des Œillets**, le 25 avril 1974. Après avoir pris la caserne située largo do Carmo, où se trouvait le président du Conseil, la population escorta les militaires dans leurs voitures blindées qui montaient le Chiado et s'arrêta sur la place pour fêter la liberté recouvrée.
La place Camões est bordée de beaux immeubles et possède son inévitable kiosque avec sa terrasse informelle. Traversée par les tramways, elle marque la limite entre le Chiado et le Bairro Alto. Rendez-vous de la jeunesse branchée, elle est très animée lors des fêtes populaires. Le Tage apparaît au sud, au bout de la rua do

Art éphémère sur les murs de Lisbonne

Lisbonne prête ses murs aux artistes de rue avec la bénédiction de la mairie, soucieuse d'encadrer une longue tradition de graffitis contestataires et d'éviter les dérives vandales. Façades aveugles, entrepôts désaffectés, clôtures de chantier et mobilier urbain se couvrent ainsi d'œuvres de **street art**, qui apparaissent et s'effacent au gré des mutations de la ville. Certains artistes urbains portugais, au style inimitable, se sont forgé une réputation qui dépasse les frontières : Bordalo II et ses spectaculaires fresques d'animaux réalisées à partir de déchets et de matériaux de récup' (série Big Trash Animals) ; Vhils *(☛ p. 67)* et ses immenses portraits surgis de la matière même des façades ; Odeith et ses illusions d'optique ; Akacorleone et ses explosions de couleurs ; ±MAISMENOS± et ses slogans anti-consommation, Tamara Alves, Smile, Mário Belém... Ces instantanés de poésie ou de révolte se sont multipliés dans les quartiers en pleine restructuration, comme le Bairro Alto, la LX Factory, la Mouraria ou Marvila, et investissent désormais toute la ville. La **GAU (Galeria Arte Urbana)** recense et localise les œuvres quartier par quartier *(☛ gau.cm-lisboa.pt/galeria.html)*.

Alecrim, en forte pente. Au nord, la **rua da Misericórdia** conduit au Bairro Alto, qui s'étend sur le flanc ouest.

Ascensor da Bica ★

(Funiculaire de Bica)

Rua do Loreto/rua de S. Paulo - lun.-sam. 7h-21h, dim. 9h-21h - Passe Navegante ocasional (p. 127) ou 3,80 € AR.

Sur le flanc sud du Bairro Alto descendant vers le fleuve, le funiculaire de Bica, pittoresque machine pleine de poésie, escalade courageusement la forte pente de la calçada da Bica Grande.

Museu da Farmácia ★

R. Marechal Saldanha, 1 - 213 400 688 - www.museudafarmacia.pt - lun.-vend. 10h-17h30, sam. 10h-12h30, 14h-17h30 - 6 €.

Injustement méconnu, ce beau musée installé dans un palais des années 1870 présente de façon attrayante plus de 16 000 objets venant du monde entier, des sarcophages égyptiens aux céramiques romaines, des pots toscans aux statuettes congolaises. Il expose également plusieurs reconstitutions de pharmacies du 15e au 19e s., dont la pièce maîtresse est l'extraordinaire pharmacie chinoise du 19e s. qui fonctionna jusqu'en 1996 à Macao.

Alto de Santa Catarina ★★

Au bout de la rua Marechal Saldanha.

Le paisible belvédère de Santa Catarina déploie un panorama exceptionnel sur le Tage, les docks et le pont du 25-Avril. La vue est particulièrement belle en fin d'après-midi, au coucher du soleil.

Ici se dresse la **statue d'Adamastor**, le monstre marin des *Lusiades* de Camões, géant mythique qui terrorisait les navigateurs du 15e s. D'après la légende, Adamastor fut vaincu par le navigateur **Bartolomeu Dias**, le premier à dépasser le « cap des Tempêtes », rebaptisé cap de Bonne-Espérance par le roi Jean II, qui signifiait ainsi son espoir d'arriver aux Indes.

Les terrasses du bar voisin, Noobai, offrent un lieu de détente agréable et bénéficient d'une vue exceptionnelle (*« Prendre un verre » p. 99*).

Atelier-Museu Júlio Pomar

Rua do Vale, 7 - 215 880 793 - www.ateliermuseujuliopomar.pt - mar.-dim. 10h-13h, 14h-18h - 2 €.

Les toiles de Júlio Pomar (1926-2018), artiste multifacettes et figure majeure de la création portugaise au 20e s., sont présentées au gré d'expositions thématiques temporaires, souvent en regard de celles d'un ami ou d'un collègue. On doit à l'architecte Álvaro Siza Vieira la restructuration de cet ancien entrepôt donc le peintre fit son atelier.

Le Bairro Alto★

(La ville haute)

La ville haute était, au 17e s., le puissant fief des Jésuites, établis autour de l'église Saint-Roch. Leur puritanisme austère a aujourd'hui laissé la place à la fantaisie débridée de jeunes créateurs de mode, artistes bohèmes et designers en vogue. Installés dans les années 1980, ils ont investi ce quartier populaire, faisant du Bairro Alto le bastion de la « movida » lisboète, et plus récemment le repaire favori des touristes. Bars alternatifs et restaurants en tout genre se bousculent dans l'entrelacs de ruelles, où les façades écaillées alternent avec d'anciens palais aux balcons en fer forgé. Tranquille et assoupie en journée, la colline s'anime la nuit d'une faune bariolée déambulant d'un bar à l'autre jusqu'au petit matin.

▶**Accès :** M Baixa-Chiado. Tram 28E. Ascensor da Glória depuis la praça dos Restauradores.

Plan de quartier p. 29. Plan détachable DE5-6.

▶**Conseil :** Les rues commerçantes les plus vivantes sont les rua do Norte, rua do Diário de Notícias, rua da Atalaia et rua da Rosa.

Igreja de São Roque ★

Largo Trindade Coelho - ✆ 213 235 444 - mar.-dim. 10h-18h - gratuit.

L'**église Saint-Roch** fut bâtie à la fin du 16e s. et finalisée par l'architecte italien Philippe Terzi, à qui l'on doit également l'église de São Vicente de Fora. La façade d'origine, détruite en 1755, fut reconstruite.

L'**intérieur**★ séduit par l'élégance de sa décoration. Le plafond de la nef, en bois peint, est l'œuvre d'artistes influencés par l'art italien ; les sujets représentent des scènes bibliques en relation avec l'Eucharistie.

Dans la 3e chapelle de droite, remarquez des **azulejos** du 16e s. et une peinture sur bois de Gaspar Dias (16e s.) figurant la vision de saint Roch.

La **chapelle São João Baptista**★★ *(4e à gauche)*, chef-d'œuvre d'art baroque italien, a été édifiée sur les plans de Salvi (l'architecte de la fontaine de Trevi) et Vanvitelli entre 1742 et 1750 à Rome, où elle reçut la bénédiction du pape. Cent trente artistes participèrent à sa construction ; démontée, transportée à Lisbonne par trois caravelles sur ordre du roi Jean V, elle fut rebâtie vers 1750 dans l'église São Roque. Tout y est d'une grande richesse : colonnes en lapis-lazuli, devant d'autel en améthyste, marches en porphyre, anges en marbre blanc de Carrare, pilastres en albâtre ; revêtement du sol et tableaux des murs en mosaïques de couleur ; frises, chapiteaux et plafonds rehaussés de bronze doré.

Museu de São Roque ★

Largo Trindade Coelho - ✆ 213 235 444 - mais.scml.pt/museu-saoroque - mar.-dim. 10h-17h30 - 2,50 €.
Attenant à l'église, ce musée d'art sacré expose **trésor de la chapelle São João Baptista**. Mobilier et pièces d'orfèvrerie d'artistes italiens du 18e s. sont remarquables par la richesse de leur décoration baroque. Outre deux chandeliers monumentaux en argent dore de 350 kg chacun, le musée abrite une collection d'art oriental (christs en ivoire d'origine indienne).

Miradouro de São Pedro de Alcântara ★

Station supérieure ascensor da Glória.
À la pointe nord-est du Bairro Alto, un agréable jardin aménagé forme un balcon au-dessus de la ville basse, offrant ainsi une **perspective★★** étendue sur la Baixa, le Tage et la colline du château São Jorge en face *(table d'orientation)*. La vue est particulièrement belle en fin d'après-midi, lorsque le château est doré par le soleil couchant.

Convento de São Pedro de Alcântara

Rua Luísa Todi, 1 - ✆ 213 243 930 - 10h-19h (jeu. 20h), lun. 14h-19h ; oct.-mars : 10h-18h, lun. 14h-18h - gratuit.
Le couvent franciscain dominant le miradouro a été fondé à la fin du 17e s. et détruit en 1755, à l'exception de la très italianisante **chapelle★** située à l'entrée, décorée de marbres polychromes et dédiée à Veríssimo de Lencastre, cardinal et grand inquisiteur du Portugal. Les parois de la nef de l'**église** sont ornées d'un **cycle d'azulejos** illustrant la vie de saint Pierre d'Alcântara (1499-1562), réformateur de l'ordre franciscain. Remarquez aussi la tribune d'orgue grillagée et les peintures du 18e s.

Convento dos Cardaes

Rua do Secúlo, 123 - ✆ 213 427 525 - www.conventodoscardaes.com - 10h-13h, 14h-16h30 sf mar. - 5 €, vis. guidée.
Épargné par le séisme de 1755, l'ancien couvent carmélite n'a guère changé depuis sa fondation, en 1681. L'**église★**, avec ses azulejos s'accordant aux ors des *talhas douradas,* est une splendeur. Les petits cloîtres ou le réfectoire font revivre le quotidien des moniales d'autrefois. La visite permet aussi de découvrir une collection d'objets d'art sacré et se termine à la boutique, où sont vendus confitures et autres produits bio. L'établissement accueille désormais des personnes déficientes mentales.

Praça do Príncipe Real

D5 Le petit quartier qui s'étend autour de cette agréable place et de la rua da Escola Politécnica a longtemps constitué, avec les abords de la cathédrale et la **rua de São Bento**, le coin des antiquaires. Ces derniers sont désormais supplantés par les créateurs et les boutiques de mode ou de déco. L'endroit est également un des lieux de la vie nocturne gay.
Le **jardim do Príncipe Real★** (ou jardim França Borges) est doté d'une buvette avec terrasse. Près de l'entrée, un majestueux **cèdre du Liban**, qui daterait d'avant le tremblement de terre de 1755, déploie d'immenses

SE RESTAURER
- Palácio Chiado 1
- Bairro do Avillez 4
- Ao 26 9
- Alma 20
- Casa do Alentejo 21
- Gambrinus 22
- Café Buenos Aires 23
- Pap' Açorda 27
- Oficina do Duque 29
- Cerqueira 31
- A Cevicheria 32
- Organi Chiado 36
- Decadente (The) 41
- Mercado da Ribeira 48
- Tapisco 64

PRENDRE UN VERRE
- Café Nicola 1
- A Ginjinha 3
- A Brasileira 9
- Noobai 10
- O Purista - Barbière 12
- By the Wine 13
- Landeau Chocolate 14
- Gelados Santini 15
- Pavilhão Chinês 16
- Insólito (The) 17
- Old Pharmacy (The) 18
- Patriarcal - Panificação Reunida de São Roque 19
- Pensão Amor 25
- Duque Brewpub 26
- Majong 27

SHOPPING
- Manuel Tavares 1
- Discoteca Amália 7
- Vegan Nata/A Carioca 11
- Fábrica Sant'Anna 12
- Vista Alegre 13
- Caza das Vellas Loreto 14
- Cerâmicas na Linha 15
- Burel Factory 16
- Livraria Ferin 17
- Lua de Champagne 19
- Paris em Lisboa 20
- Luvaria Ulisses 21
- A Fábrica dos Chapéus 22
- Solar 24
- Loja das Conservas 29
- A Vida Portuguesa 34

SORTIR
- Teatro Nacional de São Carlos 6
- Galeria Zé dos Bois (ZDB) 8
- Tasca do Chico 9
- Grapes & Bites Winehouse 11
- O Bom O Mau e O Vilão 15

SE LOGER
- Hotel do Chiado 2
- VIP Eden 12
- Pensão Londres 14
- Monte Belvedere 18
- Rossio Hostel 20

tentacules végétaux (soutenus par un ingénieux système de tonnelles) de plus de 25 m d'envergure. Cet arbre tutélaire diffuse en été une ombre bienfaisante couvrant une partie de la place, qui devient ainsi un lieu de rendez-vous et de détente. Sur la place se tient tous les samedis matin un marché biologique.

Au centre du jardin, le **Reservatório da Patriarcal** *(sam. 10h-17h - 2 €)*, réservoir souterrain construit pour alimenter en eau la ville basse, accueille des spectacles et des concerts.

Ne manquez pas de visiter, juste en face, le **palacete Ribeiro da Cunha**, de style néomauresque. L'intérieur est une merveille (*Embaixada - « Nos adresses/Shopping » p. 107*).

Jardim Botânico ★

D5 *Rua da Escola Politécnica, 58 - 213 921 800 - www.museus.ulisboa.pt - 10h-17h; avr.-sept. : 10h-20h - 4 €; 6 € billet combiné avec le musée d'Histoire naturelle et des Sciences voisin.*

À flanc de coteau en surplomb de l'avenida da Liberdade, il dépend de l'Académie des sciences. Fondé en 1873 dans un but scientifique, il est l'un des plus réputés d'Europe pour sa flore subtropicale. Havre de paix dans un quartier animé, il offre de belles promenades le long d'allées sinueuses bordées d'arbres centenaires.

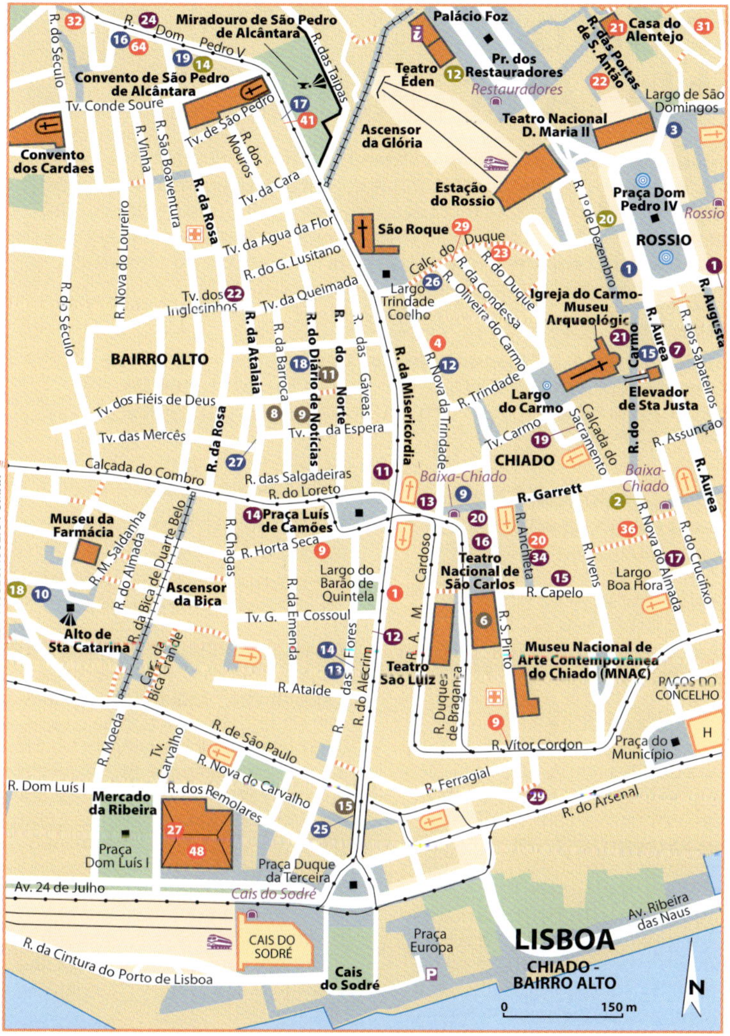
Miradouro de São Pedro de Alcântara
R. Dom Pedro V
R. das Taipas
Palácio Foz
Teatro Éden
Pr. dos Restauradores
Restauradores
R. das Portas de S. Antão
Casa do Alentejo
Largo de São Domingos
Teatro Nacional D. Maria II
Convento de São Pedro de Alcântara
Tv. Conde Soure
Convento dos Cardaes
R. do Século
R. Vinha
R. São Boaventura
Tv. de São Pedro
R. dos Mouros
Ascensor da Glória
Estação do Rossio
Praça Dom Pedro IV
Rossio
ROSSIO
R. 1° de Dezembro
Tv. da Cara
R. da Rosa
Tv. da Água da Flor
R. do G. Lusitano
São Roque
Calç. do Duque
R. do Duque
R. da Condessa
R. Oliveira do Carmo
Largo Trindade Coelho
Tv. dos Inglesinhos
Tv. da Queimada
R. Nova do Loureiro
Igreja do Carmo-Museu Arqueológic
R. Augusta
R. Áurea
R. dos Sapateiros
R. do Carmo
BAIRRO ALTO
R. da Atalaia
R. da Barroca
R. do Diário de Notícias
R. do Norte
R. das Gáveas
R. da Misericórdia
R. Nova da Trindade
R. Trindade
Largo do Carmo
Elevador de Sta Justa
Tv. dos Fiéis de Deus
Tv. das Mercês
Tv. da Espera
Tv. Carmo
Calçada do Sacramento
R. do Carmo
R. Assunção
CHIADO
Calçada do Combro
R. das Salgadeiras
R. do Loreto
Baixa-Chiado
R. Garrett
Museu da Farmácia
Praça Luís de Camões
R. Chagas
R. Horta Seca
R. M. Saldanha
R. do Almada
R. da Bica de Duarte Belo
Ascensor da Bica
Largo do Barão de Quintela
R. Cardoso
Teatro Nacional de São Carlos
R. Anchieta
R. Ivens
R. Nova do Almada
R. do Crucifixo
Largo Boa Hora
R. Capelo
ATELIER-MUSEUM JÚLIO POMAR
Alto de Sta Catarina
Calç. da Bica Grande
Tv. G.
Cossoul
R. da Emenda
R. das Flores
R. do Alecrim
R. A. M.
R. S. Pinto
Museu Nacional de Arte Contemporânea do Chiado (MNAC)
Teatro Sao Luiz
R. Ataíde
R. Duques de Bragança
PAÇOS DO CONCELHO
R. Moeda
Tv. Carvalho
R. de São Paulo
R. Nova do Carvalho
R. Vítor Cordon
Praça do Município
R. Ferragial
R. Dom Luís I
Mercado da Ribeira
R. dos Remolares
R. do Arsenal
Praça Dom Luís I
Praça Duque da Terceira
Av. 24 de Julho
Cais do Sodré
CAIS DO SODRÉ
Av. Ribeira das Naus
R. da Cintura do Porto de Lisboa
Praça Europa
Cais do Sodré
LISBOA
CHIADO - BAIRRO ALTO
0
150 m
N

Le Rato et les Amoreiras

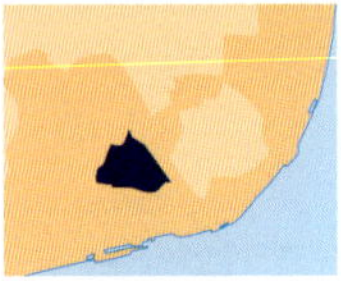

Au nord-ouest du quartier du Rato s'étend celui des Amoreiras (littéralement « mûriers »). Ne cherchez plus les arbres qui ont donné leur nom à ce dernier, ils ont été engloutis sous les tours des Amoreiras (1983), repérables de loin ! Longtemps décriés, ces édifices habillés de verre et de marbre abritent des bureaux, des appartements de luxe et un immense centre commercial surmonté d'une terrasse panoramique, le Miradouro 360°.

▶**Accès :** BUS 711. M Marquês de Pombal, Rato.
Plan de quartier p. 34. Plan détachable CD4-5.
▶**Conseil :** Depuis le métro Rato, suivez la rua de São Bento : elle descend jusqu'à Estrela et Madragoa, deux quartiers que vous pourrez visiter dans la foulée *(p. 32)*.

Fundação Arpad Szenes-Vieira da Silva ★

Praça das Amoreiras, 56 - 213 880 044 - www.fasvs.pt - mar.-dim. 10h-18h - 7,50 €.

La fondation occupe une ancienne fabrique de soieries du 18e s., réaménagée avec sobriété et élégance par l'architecte Sommer Ribeiro. Elle présente un riche ensemble d'œuvres de **Maria Helena Vieira da Silva** (1908-1992), qui vécut une grande partie de sa vie à Paris, et de son mari, l'artiste hongrois **Arpad Szenes** (1897-1985). Le musée organise des expositions temporaires consacrées à des artistes liés aux deux peintres. La découverte de la maison-atelier du couple complète la visite. Agréable petit square arboré avec bancs et kiosque-buvette entre la fondation et le réservoir.

Reservatório da Mãe d'Água das Amoreiras

Praça das Amoreiras - 218 100 215 - www.epal.pt - mar.-dim. 10h-13h30 - 5 € - spectacles immersifs à partir de 15h.

Achevé en 1746, le bâtiment abrite un réservoir où se déverse l'**aqueduc des Eaux libres**★ (Aqueduto das Águas Livres), une construction de plus de 58 km dont la plus grande arche atteint 65 m de hauteur pour 29 m de largeur. À l'intérieur se trouvent une cascade et l'**arche des Eaux**★ (Arca da Água), d'une profondeur de 7 m et d'une capacité de 5 500 m^3.

Au sommet, la terrasse offre une **vue**★ panoramique sur la ville.

À côté se tient la **maison du Registre**, où étaient contrôlés les niveaux de l'eau qui partait vers les fontaines de la ville.

Reservatório da Mãe d'Água das Amoreiras.

Estrela, Madragoa et Lapa

À l'ouest du Bairro Alto s'étendent les quartiers de Madragoa et d'Estrela, moins connus des touristes. Il fait bon flâner au hasard de ces rues vallonnées, pleines de charme, de recoins et de surprises. Les immeubles, hétéroclites, sont progressivement rénovés. Madragoa est le quartier historique de la communauté cap-verdienne, qui s'était établie autour du largo do Conde Barão et de la rua Poço dos Negros (le « puits des Noirs » qui servit de fosse commune aux esclaves des 16e et 17e s.). Au nord-ouest, l'agréable quartier de Campo de Ourique possède une population jeune et une identité propre. Entre le Tage et Estrela s'étire le quartier calme, chic et romantique de Lapa, secteur des ambassades et de la haute bourgeoisie. Il abrite de vieilles résidences de l'aristocratie aux façades ornées d'azulejos, et quelques luxueux hôtels.

▶**Accès :** Tram 28E, 25E. M Rato, Estrela (en projet).

Plan de quartier p. 34. Plan détachable CD5-7.

▶**Conseil :** Pour prolonger la visite de la Casa-Museu Amália Rodrigues, rien de tel qu'un concert de fado (*« Nos adresses/Sortir » p. 112*).

Casa Fernando Pessoa ★

Rua Coelho da Rocha, 18 - Tram 25E, 28E - ✆ 213 913 270 - www.casafernandopessoa.pt - mar.-dim. 10h-17h - 5 €.

Cette maison où le poète, écrivain et merveilleux fabulateur Fernando Pessoa vécut les quinze dernières années de sa vie (1920-1935) est désormais un centre de recherches dédié à l'œuvre du plus mythique des Lisboètes et à sa promotion. Situé dans le quartier résidentiel **Campo de Ourique** et rénové en 2020, le lieu a été réaménagé dans un style moderne et fonctionnel. Les œuvres, les archives et des objets ayant appartenu à l'écrivain y sont rassemblés. Sa jeunesse en Afrique du Sud est évoquée, ainsi que sa vie à Lisbonne et ses adresses favorites. L'espace d'exposition regroupe peintures (dont le célèbre portrait de Pessoa par Almada Negreiros), sculptures et installations vidéo. Remarquable librairie (poésie portugaise et étrangère).

Cemitério dos Ingleses

(Cimetière des Anglais)

Rua São Jorge, 6 - lun.-ven. 10h30-13h, dim. 11h-13h - gratuit.

Avec ses grands cyprès, ses tombes moussues ou recouvertes de buis, ce cimetière plein de poésie est une oasis de tranquillité inattendue au cœur de la ville. Aménagé au début du 18e s., il abrite les sépultures d'Anglais ayant résidé au Portugal. Le poète Henry Fielding (1707-1754) y repose.

Jardim da Estrela ★★

7h-coucher du soleil - gratuit.
Ce jardin de quartier, créé en pleine époque romantique, est l'un des plus paisibles et des plus agréables de Lisbonne, avec ses nombreuses essences exotiques, ses oies, cygnes et canards en liberté, ses fontaines et ses grottes artificielles. Le jardin dispose en outre d'aires de jeux pour les enfants et de trois kiosques-buvettes ombragés, dont l'un au bord du bassin. Pour un pique-nique ou une pause lecture, c'est l'endroit tout indiqué.

Basílica da Estrela ★

Praça da Estrela - Tram 28E et 25E - 8h45-20h ; terrasse : 10h-18h (18h40 en été) - basilique : gratuit ; terrasse : 5 €.
Le sanctuaire à la façade solennelle fut bâti à la toute fin du 18e s., selon les vœux de la très conservatrice reine Maria, à une époque où le style baroque était largement dépassé. La croisée du transept est surmontée d'une belle **coupole**★ que coiffe un lanternon. À l'intérieur, dans une pièce à droite du maître-autel, figure une imposante **crèche** *(presépio)*, aux personnages grandeur nature, réalisée par le sculpteur Machado de Castro.

Casa-Museu Amália Rodrigues

Rua de São Bento, 193 - ✆ 213 971 896 - amaliarodrigues.pt - mar.-dim. 10h-18h - vis. guidée (port., angl., fr. - env. 40mn) 7 €.

stevebphotography/Getty Images Plus

Basílica da Estrela.

Deux ans après la mort de la reine du **fado** Amália Rodrigues (1920-1999) et quelques jours après le transfert de sa dépouille au Panthéon national (*p. 63*), la maison où elle passa la majeure partie de sa vie a été transformée en musée, comme elle le souhaitait. La disposition des objets a peu changé, et la maison paraît encore habitée par la diva, avec ses tableaux, portraits, instruments de musique, médailles et décorations, robes de scène, bijoux, etc. Dans la salle à manger, la table est mise et semble prête à accueillir des invités. La visite s'achève dans un petit jardin inattendu, témoin de l'amour que la chanteuse portait aux fleurs. Des soirées fado y sont parfois organisées.
Voir aussi « Le fado » p. 150.

LISBOA
RATO - ESTRELA - LAPA
0
300 m
N
AMOREIRAS
RATO
ESTRELA
LAPA
BAIRRO ALTO
Amoreiras Shopping Center
Fundação Arpad Szenes-Vieira da Silva
JARDIM DAS AMOREIRAS
Mãe d'Água das Amoreiras
Casa-Museu Medeiros e Almeida
Largo do Rato
Rato
Avenida
TEATRO MARIA VITÓRIA
Praça da Alegria
Jardim Botânico
Palácio Ribeiro da Cunha
Praça do Príncipe Real
Jardim do Príncipe Real
Reservatório da Patriarcal
Convento dos Cardaes
Casa Fernando Pessoa
Cemitério dos Ingleses
Casa-Museu Amália Rodrigues
Jardim da Estrela
Praça da Estrela
Estrela
Palácio da Assembleia da República
Basílica da Estrela
Largo de Jesus
Alto de Sta Catarina
Museu da Marioneta
Embaixada de França
Largo de Santos
Santos
Mercado da Ribeira
Praça Dom Luís I
MUSEU NACIONAL DE ARTE ANTIGA
JARDIM 9 DE ABRIL
Cais Rocha
Cais do Sodré
CACILHAS
Av. D. Pacheco
R. das Amoreiras
R. R. da Fonseca
R. Braamcamp
R. Alexandre Herculano
R. Rosa Araújo
Av. da Liberdade
R. Rodrigues Sampaio
R. Silva Carvalho
R. Campo de Ourique
R. Dom João V
R. do Sol
R. do Salitre
R. da Arrábida
R. Nova de São Mamede
R. da Escola Politécnica
R. do Cabo
R. Saraiva de Carvalho
Av. Álvares Cabral
R. de São Bento
R. F. Borges
R. C. da Rocha
R. de São Jorge
R. da Imprensa Nacional
R. Dom Pedro V
R. D. Sequeira
R. de São Bernardo
R. de Santo Amaro
R. Nova da Piedade
R. de S. Marçal
Tv. da Palmeira
R. Eduardo Coelho
R. da Rosa
R. Santo António
R. Quintinha
Rua da Cruz dos Poiais
R. Luz Soriano
R. do Século
Av. Infante Santo
R. João de Deus
R. da Bela Vista
Calçada da Estrela
R. São Ciro
R. de Sant'Ana
R. de Buenos Aires
R. de B. Carneiro
R. M. Lupi
R. Francesinhas
Av. Dom Carlos I
R. Poiais de São Bento
R. Vale
Calç. do Combro
R. Chagas
R. de Duarte Belo
R. da Bica
R. da Lapa
R. do Quelhas
R. Jorge Alves
R. das Trinas
R. do Poço dos Negros
R. de São Domingos
R. das Praças
R. Sacramento
R. G. de Orta
R. V. Borga
R. da Esperança
Calç. M. Abrantes
R. da Boavista
Boqueirão Duro
R. Dom Luís I
R. do Prior
Calç. Ribeiro Santos
Av. 24 de Julho
R. das Janelas Verdes
R. da Cintura do Porto de Lisboa

SE RESTAURER
Forno d'Oro 2
Loco 3
O Tachadas 7
Dalí Cozinha Surreal 10
Água de Beber 18
Pap' Açorda 27
Real Fábrica 28
A Cevicheria 32
Casa dos Passarinhos 44
Pão de Canela 47
Mercado da Ribeira 48
Tapisco 64

PRENDRE UN VERRE
Noobai 10
La Boulangerie 11
Pavilhão Chinês 16
Patriarcal - Panificação Reunida de São Roque 19
Artisani Gelados 21
Tease 22
Matiz Pombalina 28
Cinemateca Portuguesa 29
Gelato Davvero 32

SHOPPING
Livraria da Travessa 6
+351 18
Solar 24
Embaixada 25
39A Concept Store 26
Amélie au Théâtre 27
Amoreiras Shopping Center 28
Dona Ajuda 31
Companhia Portugueza do Chá 37

SORTIR
Incógnito 7
Real Fado 10
Senhor Vinho 12
Park 21

SE LOGER
Casa de São Mamede 3
York House 7
As Janelas Verdes 8
NH Liberdade 10
Britânia 11
Pensão Londres 14
Brasília 16
Monte Belvedere 18

Palácio da Assembleia da República

(Assemblée de la République)

Praça de São Bento - ✆ 213 919 000 - www.parlamento.pt - ne se visite pas.

En bas de la **rua de São Bento**, l'ancien et massif couvent bénédictin de São Bento abrite le Parlement portugais avec, au-dessus, la résidence du Premier ministre.

Jetez un coup d'œil au grand escalier de façade et aux arches ornées des statues des Vertus. À l'intérieur, la salle des pas perdus est décorée de nombreuses sculptures.

Sur le côté droit du palais, la rua de São Bento accueille plusieurs boutiques d'**antiquaires★**.

Museu da Marioneta

Convento das Bernardas - Rua da Esperança, 146 - ✆ 213 942 810 - www.museudamarioneta.pt - mar.-dim. 10h-17h30 - 5 € - spectacles 7,50 € (programme en ligne).

Installé dans un couvent cistercien, ce musée expose de manière moderne et attrayante des marionnettes traditionnelles réalisées par la compagnie de São Lourenço ainsi que quelques modèles anciens venus du monde entier. Intéressantes expositions temporaires et programme de spectacles variés pour enfants et adultes (projections, théâtre, marionnettes, etc.).

Cais do Sodré et Alcântara

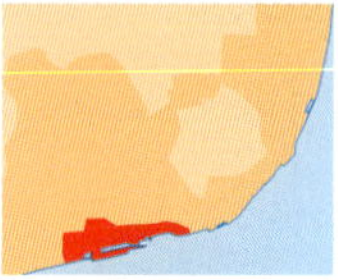

Autour du pont du 25-Avril

Il fait bon aujourd'hui se promener le long du Tage, surnommé « mer de Paille » en raison de ses reflets dorés au coucher du soleil. La municipalité libère progressivement les berges du fleuve en les transformant en espace de loisirs. Pour s'imprégner des ambiances portuaires et de l'atmosphère particulière des docks, on peut effectuer à pied ou à vélo le trajet entre la praça do Comércio et Belém (ou inversement) par les quais.

▶**Accès :** Tram 15E, 18E. Cais do Sodré, Santos, Alcântara. BUS 714, 727, 728, 751.
Plans de quartier p. 29 et p. 34. Plan détachable AE7-8.
▶**Conseils :** Compter 1h30 à 2h à pied (7 à 8 km ; quelques parties, moins agréables, ne longent pas directement le fleuve). Piste cyclable sur tout le trajet. À voir absolument, le musée d'Art ancien, le plus riche du pays.

Cais do Sodré

E7 *À 700 m à l'ouest de la praça do Comércio par la Ribeira das Naus, promenade piétonne le long du Tage.*
Détendue et bon enfant en journée, bourdonnante d'animation la nuit, la zone portuaire de Cais do Sodré est bordée de restaurants et de bars branchés aux vastes terrasses donnant sur le Tage. Sur la **Ribeira das Naus**, des bancs et des chaises longues invitent à prendre le soleil en admirant le pont du 25-Avril et, sur la rive opposée, le Cristo Rei.
Épicentre de ce quartier où les marins venaient fréquenter les bars à hôtesses, la rua de São Paulo est presque aussi animée que sa parallèle, la **rua Nova do Carvalho**, qui aligne, le long de sa chaussée habillée de rose (d'où son surnom de **rua Cor-de-Rosa**, rue Rose), des clubs, bars et discothèques prisés des noctambules – au grand dam des habitants du quartier, lassés par les nuisances sonores.
La silhouette orientalisante du **Mercado da Ribeira** se dresse le long de l'avenida 24 de Julho. Le principal marché de Lisbonne, né en 1892, accueille un espace de restauration en forme de vitrine de la gastronomie portugaise (*« Se restaurer » p. 94*).

Santos

D7 Ce quartier résidentiel discret, qui conserve de beaux immeubles du 18e s., porte le surnom de « design district ». Ateliers de créateurs, boutiques de décoration d'intérieur et concept stores s'y installent peu à peu, notamment dans la **rua da Boavista**

Sous le pont du 25-Avril.

Lisbonne, reine du Tage

Cité océanique postée aux confins de l'Europe, la capitale de l'ancienne Estremadura (« extrémité ») a le regard tourné vers le large. Pourtant, ici comme à Porto, la vie quotidienne est d'abord rythmée par le fleuve. La vieille ville est lovée sur la rive droite du Tage, à 15 km de l'Atlantique. Sa baie fluviale de 11 km de large en fait le plus beau port naturel du Portugal. Le Tage forme une sorte de vaste lac intérieur, dont Lisbonne contrôle la sortie vers l'Océan.

et la **calçada Marquês Abrantes** qui la prolonge vers l'ouest. L'agréable promenade aménagée le long du fleuve est un endroit prisé pour le coucher du soleil.

Museu Nacional de Arte Antiga ★★★

(Musée national d'Art ancien)

C7 *Rua das Janelas Verdes, 9 - ✆ 213 912 800 - www.museudearteantiga.pt - mar.-dim. 10h-18h - 6 €.*

À l'extrémité sud du quartier de Lapa, ce musée exceptionnel est installé dans le palais des comtes d'Alvor (17e s.), qui devint par la suite propriété du marquis de Pombal. Il possède une remarquable collection d'œuvres d'art provenant en partie de la confiscation des biens des couvents, au moment de la suppression des ordres religieux en 1833. Ces collections, qui réunissent des peintures, sculptures, arts décoratifs du 12e s. au début du 19e s., sont étroitement liées à l'histoire du Portugal : artistes portugais, peintres européens ayant vécu ou séjourné au Portugal, objets provenant des anciennes colonies.

1er niveau – Parmi la collection de peinture européenne, on retiendra un splendide *Saint Augustin* de Piero della Francesca, la fascinante **Tentation de saint Antoine★★★** de Jérôme Bosch, le *Saint Jérôme* de Dürer et les **Douze Apôtres★** de Zurbarán. Derrière la boutique, un espace est consacré au mobilier *(à gauche)*, un autre aux crèches baroques, tandis que l'entrée de la **capela das Albertas★** resplendit de *talhas douradas (à droite - horaires variables)*.

2e niveau *(horaires variables)* – La collection d'orfèvrerie a pour fleuron l'**ostensoir du monastère de Belém** (1506) et voisine avec un important ensemble d'arts décoratifs orientaux. Remarquez en particulier les précieux **paravents japonais★★** *(namban)* illustrant, entre autres, l'arrivée des Portugais à Nagasaki.

3e niveau – Y sont exposées des sculptures et des peintures portugaises. Le polyptyque de l'**Adoration de saint Vincent★★★**, peint entre 1460 et 1470 par Nuno Gonçalves, est une œuvre fondatrice d'une fascinante fixité. On y reconnaît notamment, autour de saint Vincent, patron du Portugal, Henri le Navigateur. Suivent les œuvres de peintres de l'école portugaise du 16e s., influencés d'abord par les Flandres, puis par l'Italie.

Ne quittez pas les lieux sans profiter des jardins et de la belle **terrasse★★** surplombant le Tage (restaurant en self service).

Museu do Oriente ★★

(Musée de l'Orient)

B8 *Av. de Brasília - Doca de Alcântara - ✆ 213 585 200 - www.foriente.pt - mar.-dim. 10h-18h, nocturne le vend. jusqu'à 20h - 6 € (6-12 ans 2 €).*

La **Fundação Oriente** occupe d'anciens entrepôts destinés au stockage de la morue. Le musée consacré aux **arts asiatiques** témoigne des contacts anciens et prolongés des Portugais avec l'Asie : céramiques et porcelaines chinoises, mobilier indo-portugais, textiles, peintures, argenterie, etc. La **collection Kwok On** présente un important fonds d'arts populaires liés à la musique, au théâtre et aux fêtes traditionnelles. Expositions temporaires souvent remarquables.

Docas

(Docks)

ABC8, DE7 Entre Cais do Sodré (*p. 36*) et le pont du 25-Avril s'alignent les **docks de Santos**, puis ceux d'**Alcântara** et de **Santo Amaro**. Les entrepôts de ces derniers, restaurés et aménagés, abritent des clubs, des bars et des restaurants avec terrasses au bord de l'eau.

Berardo - Museu Arte Deco (B-MAD) ★

A7 *Rua 1° de Maio, 28 - ✆ 212 198 071 - www.bmad.pt - vis. guidée (1h) sur réserv. préalable : 10h, 11h, 11h30, 14h30, 15h30, 16h30 et 17h (port., esp., angl., fr.) - 6 € (-12 ans gratuit).*

Après avoir voyagé durant des années pour de prestigieuses expositions temporaires, les **collections Art nouveau et Art déco** de l'homme d'affaires Joe Berardo ont trouvé leur domicile définitif en 2021 dans la résidence d'été du marquis d'Abrantes. Au cœur du quartier d'Alcântara, ce palais du 18e s., agrandi dans les années 1920, a été restauré pour accueillir le nouveau musée. Mobilier, sculptures, lampes, céramiques, peintures allant de la fin du 19e s. aux années 1930 offrent un remarquable panorama de ces deux courants artistiques. La visite s'achève par une dégustation de **vins portugais** de Bacalhôa, l'autre passion de Berardo.

LX Factory ★

A8 *Rua Rodrigues Faria, 103 - ✆ 213 143 399 - lxfactory.com.*

LX (prononcer *« el chiche »*), c'est ainsi que les Lisboètes appellent leur ville. L'ancienne manufacture textile et imprimerie du 19e s. est devenue une ruche de créativité en attirant artistes, stylistes et designers, qui y ont aménagé des galeries, ateliers et boutiques. De nombreuses œuvres de street art, des cafés, bars et restaurants aux décors insolites, ainsi qu'une étonnante librairie *(voir « Shopping » p. 108)* achèvent de faire de la LX Factory un pôle de vie très animé, de jour comme de nuit. Petit marché aux puces le dim. *(10h-18h, 20h en été).*

Museu da Carris

A8 *Rua 1° de Maio, 101-103 - ✆ 213 613 087 - museu.carris.pt - lun.-sam. 10h-12h30, 14h-17h30 - 4,50 € (6-18 ans 2,50 €).*

L'intéressant musée de la compagnie Carris retrace un siècle et demi d'histoire des transports métropolitains grâce à des documents et objets d'époque. Il fait aussi office de hangar à tramways, où d'anciens modèles sont exposés.

Centro Científico e Cultural de Macau (CCCM) ★

QA/A8 *Rua da Junqueira, 30 - ✆ 213 617 570 - www.cccm.gov.pt - mar.-vend. 10h-17h30 - 3 €.*
Le centre a été inauguré en 1999, au moment de la rétrocession de Macao à la Chine. Dès la deuxième moitié du 16e s., Macao fut une **enclave portugaise en Chine**, un trait d'union entre les civilisations d'Occident et d'Asie orientale. Au rez-de-chaussée, le musée retrace l'histoire étonnante du contact entre les Portugais et ce port chinois. Le premier étage expose un nombre impressionnant de **céramiques**★★, terres cuites, grès et porcelaines chinoises réunis par le collectionneur António Sagape. Remarquez aussi la panoplie d'objets utilisés par les fumeurs d'opium, ainsi que les intéressantes œuvres d'art chinoises adaptées aux canons occidentaux : laques, éventails, peintures, plats et objets en ivoire. Également une importante collection de monnaies chinoises, de la préhistoire à nos jours. Ne manquez pas, au 4e et dernier étage, les **maquettes** des édifices emblématiques de Macao.

Le port de Lisbonne

Il est l'une des principales escales maritimes d'Europe. Son trafic consiste surtout en marchandises lourdes et en conteneurs ; c'est aussi un port d'exportation de produits agricoles (vin et liège). Lisbonne, avec un trafic en essor constant (autour de 550 000 passagers par an avant la crise sanitaire), est une destination importante des croisiéristes. Il n'est pas rare de voir d'immenses paquebots accostés à Rocha do Conde de Óbidos, à Alcântara et, depuis l'ouverture du nouveau terminal en 2017, à Santa Apolónia.

Ponte 25 de Abril ★

A8 Avant son inauguration en 1966, aucun pont ne franchissait le Tage en aval de Vila Franca de Xira. Après la révolution des Œillets (1974), le pont Salazar fut vite rebaptisé **pont du 25-Avril**. D'une longueur totale de 2 278 m, l'ouvrage d'art, dont le tablier est suspendu à 70 m au-dessus des eaux, est supporté par deux pylônes, d'une hauteur de 190 m. C'est le plus long pont suspendu d'Europe. En 1999, une voie ferrée fixée sous le tablier routier a été mise en service. Cet axe ferroviaire relie les gares de la banlieue sud de la capitale et descend vers Setúbal et l'Algarve.
Le pont surplombe **Alcântara**, ancien quartier populaire et industriel qui a le vent en poupe auprès de la jeunesse lisboète.

georgeclerk/Getty Images Plus

LX Factory.

Experiência Pilar 7

A8 *Av. da Índia - ✆ 211 117 880 - www.visitlisboa.com - 10h-17h - 5 € (6-15 ans 3,50 €).*

L'attraction, intégrant une expérience de réalité virtuelle, permet de mesurer la prouesse technologique qu'a constituée, en son temps, la construction du pont du 25-Avril. Elle s'achève avec l'ascension au tablier supérieur et à sa plate-forme vitrée, à plus de 65 m de hauteur, au niveau de la voie routière.

Village Underground Lisboa (VULx)

Av. da Índia, 52 - www.vulisboa.com - 11h-20h - entrée libre.

Concerts (hip hop, rap, techno) et performances.

À 50 m du pont, le VULx est un espace communautaire orienté arts alternatifs et activités socio-culturelles. Il se présente comme un empilement de conteneurs et de bus à impériale convertis en cafés-restaurants.

Belém★★

Un parfum de grand large flotte encore sur Belém : embarquement pour le rêve et l'imaginaire d'outre-mer. « Bethléem » (en portugais) fut le port d'attache des vaisseaux qui, au 15e s., se lancèrent sur des mers inconnues, à la découverte de terres à conquérir et à convertir, et à la recherche de nouvelles richesses. Le monastère des Hiéronymites et la tour de Belém, chefs-d'œuvre de l'art manuélin et tous deux classés au Patrimoine mondial de l'Unesco, marquent l'apogée de l'histoire portugaise. Mais ce quartier historiquement tourné vers les horizons lointains est aussi ancré dans le 21e s. : il accueille deux fleurons dédiés à l'art contemporain et d'avant-garde, le CCB et le MAAT.

▶**Accès :** Tram 15E. Estação Belém (ligne de Cascais). BUS 728, 714 et 751.

Plan d'agglomération p. 14-15 (QA). Plan de quartier p. 45.

▶**Conseils :** Comptez une journée entière pour la visite de Belém. Prévoyez de longues files d'attente l'été pour le monastère, la tour de Belém et le monument des Découvertes ; préférez l'heure du déjeuner ou la fin de journée, quand les groupes sont repartis.

Mosteiro dos Jerónimos ★★★

(Monastère des Hiéronymites)

Praça do Império - ✆ 213 620 034 - www.patrimoniocultural.gov.pt.

Le roi Manuel entreprit en 1502 de bâtir ce magnifique monastère destiné aux Hiéronymites (moines de l'ordre de saint Jérôme), et considéré aujourd'hui comme la pièce maîtresse de l'art manuélin. Cet art glorifiait les **Grandes Découvertes** : Vasco de Gama rentrait des Indes et ses caravelles avaient accosté dans le port de Restelo, près de Belém. Bénéficiant de l'afflux de richesses à Lisbonne, les architectes purent se lancer dans une œuvre de grande envergure. Le Français Boytac adopta le style gothique, mais, après 1517, ses successeurs le modifièrent et y ajoutèrent l'appareil ornemental caractéristique du style manuélin, où se mêlent diverses influences.

La beauté du bâtiment tient aussi à la qualité de sa pierre douce et claire, qui se laisse ciseler. Admirez la richesse et la profusion des moulures : motifs marins (coraux, chaînes d'ancre, coquillages, etc.), fleurs de pavot, ananas, artichauts, têtes de navigateurs, grappes, grotesques Renaissance, etc. Seuls les bâtiments ajoutés au 19e s., à l'ouest du clocher, affectent quelque peu l'harmonie architecturale de l'ensemble.

L'ensemble architectural a été classé au Patrimoine mondial de l'Unesco.

Ph. Michel/age fotostock

Monument des Découvertes.

Cloître★★★

Mar.-dim. 10h-18h (oct.-avr. 17h) - 10 €. Ce chef-d'œuvre de l'art manuélin est d'une richesse sculpturale éblouissante, en particulier l'étage inférieur, réalisé par Boytac. La pierre revêt en fin d'après-midi une chaude teinte dorée. La **salle capitulaire** abrite le tombeau de l'écrivain Alexandre Herculano. Plus loin se dresse le sobre monument funéraire de Fernando Pessoa.

Le **réfectoire** des moines, vaste salle à la voûte polynervurée, occupe toute l'aile ouest du rez-de-chaussée du cloître. Deux rangs d'épais cordages courent au long des murs, qui sont ornés d'azulejos du 18e s., tantôt narratifs (multiplication des pains), tantôt géométriques et décoratifs.

Igreja de Santa Maria★★★

10h30-19h15 sf offices - gratuit.

L'intérieur – Il surprend par la hardiesse de la **voute★★** en étoile, soutenue par des gerbes d'ogives jaillissant des piliers octogonaux et se ramifiant à l'infini ; cette voûte a d'ailleurs résisté au tremblement de terre de 1755 en dépit de la légèreté de ses piliers. Sous la tribune du *coro alto*, à l'entrée de l'église, se trouvent les tombeaux néomanuélins de Vasco de Gama et de Camões, dont le gisant est couronné de lauriers.

La sacristie – *1 €*. Son pilier central s'évase en corolle pour dessiner sur la voûte un réseau de fines nervures ondulant jusqu'aux trompes d'angle.

L'architecture de la salle retient l'attention au moins autant que le cycle de peintures figurant la vie de saint Jérôme (16e s.).

Les portails

Le **portail sud**, œuvre de Boytac et de João de Castilho, foisonne de statues, dont celle, sous la Vierge dominant l'ensemble, d'Henri le Navigateur. Le sculpteur y multiplie les symboles du monde marin et des terres exotiques nouvellement découvertes.
Le **portail ouest**, réalisé par Nicolas Chantereine, est orné des statues du roi Manuel et de sa seconde épouse, Marie d'Aragon.

Museu Nacional de Arqueologia

Praça do Império - ✆ 213 620 000 - www.museunacionalarqueologia.gov.pt - fermé jusqu'en 2026.
Dans l'aile ouest (19e s.) du monastère, ce musée abrite les fleurons du patrimoine antique national. Le **trésor**★ et sa collection d'orfèvrerie préhistorique montrent de magnifiques bracelets, des torques et des boucles d'oreilles en or. Le MNA devrait voir ses espaces d'expositions s'accroître au terme des travaux de restructuration.

Museu da Marinha ★★

Praça do Império - ✆ 210 977 388 - ccm.marinha.pt - 10h-17h30 (oct.-avr. 16h30) - 7 € (4-12 ans 3,50 €).
Conservatoire du passé maritime portugais, le **musée de la Marine** possède une collection exceptionnelle de **maquettes**★★★ d'embarcations de différentes époques. Le **bâtiment principal** est consacré aux découvertes et à la marine militaire du 15e au 18e s., à la marine de guerre des 19e et 20e s., et à la marine de pêche.
Le **Pavilhão das Galeotas** *(pavillon des Galiotes)*, en face, abrite un ensemble de magnifiques galiotes d'apparat. L'embarcation la plus remarquable par sa décoration, due à l'ornemaniste (sculpteur d'ornements) français Pillement, est le brigantin royal, construit en 1778.

Planetário Calouste Gulbenkian

Praça do Império - ✆ 213 620 002 - ccm.marinha.pt/pt/planetario/sessoes - 10h-12h/13h30-17h (16h oct.-avr.) - 7 € (4-12 ans 3,50 €).
Sous la coupole haute de 23 m du planétarium, projections d'images et de films sur les étoiles, la formation de l'univers et des galaxies.

Centro Cultural de Belém ★

Praça do Império - ✆ 213 612 400 - www.ccb.pt - billetterie : 10h-19h, w.-end 10h-18h.
L'immense bâtiment du CCB, fait du même calcaire que le monastère des Hiéronymites, contraste par sa sobriété et ses lignes épurées. Achevé en 1992, il joue un rôle de premier plan dans la vie culturelle du pays *(☛ p. 113)*. Il abrite d'agréables jardins à l'étage, plusieurs bars, des boutiques, une librairie, une cafétéria et un restaurant donnant sur le Tage. Expositions et animations en lien avec l'architecture contemporaine à l'espace **Garagem Sul** *(garagemsul.ccb.pt - mar.-dim. 10h-18h30 - 6 €)*, performances et

ateliers de recherche sur la création artistique à la **Fábrica das Artes** *(fabricadasartes.ccb.pt - rens. à la billetterie)*.

MAC/CCB ★★

Museu de Arte Contemporânea/ Centro Cultural de Belém

Dans le CCB, à l'étage – ✆ 213 612 878 - www.ccb.pt - 10h-18h30 - 5 € (7-18 ans 2,50 €) - audioguide 3,50 €.

Repris en main début 2023 par le CCB, le musée présente une partie de l'exceptionnelle collection d'**art moderne et contemporain** rassemblée par l'entrepreneur et mécène madérois Joe Berardo. Un parcours historique et thématique (abstraction, figuration, surréalisme, pop art, arte povera, art minimal, art conceptuel) permet de découvrir des œuvres de Picasso, Dalí *(Téléphone blanc aphrodisiaque)*, Max Ernst, Mondrian, Francis Bacon *(Œdipe et le Sphinx)*, Magritte, Henry

SE RESTAURER		PRENDRE UN VERRE		SORTIR	
Lisbon Café	5	Antiga Confeitaria de Belém	40	Centro Cultural de Belém	18
Taberna dos Ferreiros	16			Picadeiro Henrique Calado	22
Feitoria	17				

Moore, Man Ray, Pollock, Warhol *(Ten Foot Flowers)*, etc. L'art le plus contemporain, des années 1980 à nos jours, est exposé au sous-sol. Expositions temporaires d'arts plastiques, d'architecture et de photo.

Torre de Belém ★★★

Av. de Brasília - ✆ 213 620 034 - www.patrimoniocultural.gov.pt - mar.-dim. 10h-18h30 (oct.-avr. 17h30) - 6 €.
Emblème de Lisbonne, l'élégante **tour de Belém** est le symbole de l'expansion portugaise à travers le monde. Érigée entre 1515 et 1521 par l'architecte Francisco d'Arruda, elle était à l'origine au milieu du Tage, dont elle défendait l'embouchure. Le tremblement de terre de 1755 a déplacé le cours du fleuve, et la tour s'est retrouvée près du rivage. Véritable manifeste d'art manuélin, ce bastion aux allures de donjon médiéval est un petit bijou architectural : loggias à arcades et balcons à fenêtres géminées de style vénitien, dômes d'inspiration mauresque, créneaux ornés d'écussons, de sphères armillaires et de croix de l'ordre du Christ. De la terrasse du 5e étage, superbe **vue** sur le Tage.

Padrão dos Descobrimentos ★

(Monument des Découvertes)

Av. de Brasília - ✆ 213 031 950 - padraodosdescobrimentos.pt - 10h-18h30 (17h30 oct.-fév.) - 10 € (13-25 ans 5 €).
Haut de 52 m, ce monument à l'esthétique néoréaliste caractéristique des années Salazar fut élevé en 1940 et achevé en 1960, pour le 500e anniversaire de la mort d'Henri le Navigateur. Œuvre du sculpteur Leopoldo de Almeida, il représente l'immense proue d'un navire sur laquelle l'infant ouvre la voie à une foule de personnages parmi lesquels le roi Manuel, Camões et Nuno Gonçalves. À l'intérieur sont présentées des expositions liées aux Grandes Découvertes et plusieurs films. Du sommet *(ascenseur)*, **vue** sur le Tage, les monuments de Belém, les quartiers ouest et la mosaïque en marbre au pied du monument.

Jardim Botânico Tropical

Largo dos Jerónimos - www.museus.ulisboa.pt/jardim-botanico-tropical - 10h-20h (oct.-mars 17h) - 4 €.
Planté sur 7 ha de nombreuses essences exotiques de Madère, du Brésil, d'Angola, de Macao et du Mozambique (d'où son surnom de Jardim d'Ultramar), il fut créé au début du 20e s. pour étudier la flore des îles et des anciennes colonies portugaises. La rénovation a permis de rouvrir au public le jardin de cactus, fermé depuis 25 ans. Les travaux se poursuivent sur la grande serre et le palais des comtes de Calheta. Salon de thé en projet.

Museu da Presidência da República

Praça Afonso de Albuquerque - ✆ 213 614 660 - www.museu.presidencia.pt - mar.-vend. 10h-18h, w.-end 10h-13h, 14h-18h - 2,50 €.
Dans un patio à côté du palais de Belém, le musée met en lumière l'histoire du Portugal depuis la proclamation de la république en 1910. À travers une belle galerie de portraits, il présente les présidents du pays et l'évolution de leurs fonctions.

De nombreux cadeaux offerts aux chefs d'État portugais ainsi que des objets leur ayant appartenu sont exposés. Film sur l'histoire du pays.

Quake - Centro do Terramoto de Lisboa

R. Cais de Alfândega Velha, 41 - lisbonquake.com - 10h-17h (18h le w.-end) - 21/26 € selon l'horaire choisi.
Ce musée présente, sous la forme d'une attraction immersive avec simulateur de séisme et vidéo mapping, le tremblement de terre qui ravagea Lisbonne le 1er novembre 1755.

Museu de Arte, Arquitetura e Tecnologia (MAAT) ★

Av. de Brasília - ✆ 210 028 130 - maat.pt - merc.-lun. 10h-19h - 9 €, réduit 6 €.
Ces deux bâtiments de la fondation EDP rassemblent deux complexes que tout oppose. Le **MAAT Central**, bel édifice de brique du début du 20e s., est l'ancienne centrale qui alimentait la ville en électricité et en raconte l'histoire. Il a conservé l'ensemble de son équipement : condensateurs, générateurs à turbines et l'impressionnant secteur des chaudières. À 200 m de là se dresse face au Tage le second site du MAAT, un **bâtiment★★** tout en courbes et en ondulations réalisé par le studio londonien AL_A en 2016. Ses quatre galeries, autour d'un cœur en ellipse, exposent des artistes contemporains du monde entier. Arts visuels et nouveaux médias explorent ici les thèmes récurrents de la ville et de la modernité, des technologies émergentes et des avancées scientifiques ainsi que leurs implications sociales.

Museu Nacional dos Coches ★★

(Musée national des Carrosses)

Av. da Índia, 136 - ✆ 210 732 319 - museudoscoches.gov.pt/pt/- mar.-dim. 10h-17h30 - 8 €; 10 € billet jumelé avec le Picadeiro Real, 12 € avec le Palácio Nacional da Ajuda (p. 48).
Dans un bâtiment moderne, le musée abrite un **ensemble exceptionnel★★** d'équipages du 16e au 20e s. La berline apportée par Philippe II d'Espagne à la fin du 16e s. est plus ancienne pièce du musée. Suit un ensemble de carrosses d'apparat des 17e et 18e s., peints et décorés avec un luxe inouï. La palme de l'ostentatoire revient aux trois carrosses de l'**ambassade du pape★★**, utilisés par Jean V pour éblouir Clément XI lors de sa venue à Rome, en 1716. Remarquez les traces de balles sur le landau dit du régicide, dans lequel Charles Ier et son fils aîné furent assassinés en 1908.

Picadeiro Real

(Manège royal)

Praça Afonso de Albuquerque, angle calç. da Ajuda - ✆ 213 610 850 - merc.-lun. 10h-17h30 - 4 €; 10 € billet jumelé avec le Museu Nacional dos Coches.
De l'autre côté de la place se tient l'ancien manège du palais royal de Belém. Il abrite d'autres carrosses d'apparat du 18e s., de style baroque ou rocaille, pour la plupart réalisés à l'occasion d'événements particuliers, tels des mariages princiers.
Plus haut dans la calçada da Ajuda se cache le **Picadeiro Henrique Calado**, où se produit l'Escola Portuguesa de Arte Equestre (« Sortir » p. 113).

Ajuda★

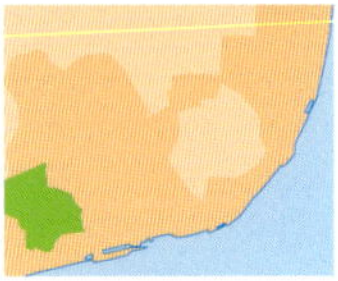

Situé sur les hauteurs de Belém, entre le Tage et le parc de Monsanto, ce quartier populaire est l'un des plus authentiques de Lisbonne, mais aussi l'un des plus méconnus des touristes. Entre deux ensembles d'immeubles récents subsistent çà et là quelques îlots villageois qui ont comme un parfum d'ailleurs. Un palais romantique, un jardin exotique et un musée d'ethnographie achèvent de faire d'Ajuda une escale enrichissante.

▶**Accès :** Tram 18E, BUS 729, 742, 760.

Plan d'agglomération p. 14-15 (QA). Plan détachable A7-8.

▶**Conseils :** Du palais d'Ajuda, le bus 760 ou le tram 18E conduisent directement à la praça do Comércio ; à pied, vous redescendez vers le quartier de Belém en 15mn.

Palácio Nacional da Ajuda ★

QA *Largo da Ajuda, en haut de la calçada da Ajuda - ✆ 213 637 095 - www.palacioajuda.gov.pt - 10h-17h30 sf merc. - 5 €.*

Cet ancien palais royal (18e-19e s.) fut construit après le tremblement de terre. Avant même d'être achevé, il fut la résidence des monarques portugais Luís et Maria Pia à partir de 1862 et conserva cette fonction jusqu'à l'instauration de la République en 1910. Il abrite désormais certains services du ministère de la Culture. La façade ouest, détruite par un incendie, a été reconstruite dans un style contemporain sobre en 2021.

Le palais présente sur deux niveaux une succession de salles aux plafonds peints, décorées d'une profusion de mobilier, tapisseries, statues (Machado de Castro), peintures (Domingos Sequeira, Vieira Portuense) et objets décoratifs du 19e s., constituant l'un des ensembles romantiques les plus complets d'Europe. Remarquez le plafond du **jardin d'hiver**, couvert d'agate. La surprenante **salle de Saxe** est entièrement décorée de personnages et meubles en porcelaine de Saxe. La chambre et la salle à manger de la reine, emplies d'objets personnels, exhalent une atmosphère intimiste. Les salles du premier étage sont plus vastes et solennelles.

Museu do Tesouro Real – *✆ 211 163 425 - www.tesouroreal.pt - 10h-17h - 10 €.* Dans l'aile ouest du palais, trois niveaux configurés comme une colossale chambre forte exposent les joyaux de la couronne portugaise : insignes et diadèmes, vaisselle d'apparat, or et diamants du Brésil...

Jardim Botânico da Ajuda

QA *Calçada da Ajuda - ✆ 213 653 157 - www.isa.ulisboa.pt/jba - 10h-18h, w.-end et j. fériés 10h-20h ; oct.-avr. : 10h-17h, w.-end et j. fériés 10h-18h - 2 €.* En contrebas de l'aile ouest du palais, ce jardin méconnu rassemble sur 3,5 ha des essences exotiques ramenées par les navigateurs. Agrémenté de bassins et d'une terrasse, il fut créé à l'initiative du roi José Ier en 1768. Ses allées au cordeau, bordées de haies soigneusement taillées, évoquent par leur géométrie les jardins Renaissance.

Rua do Guarda Jóias et rua do Cruzeiro

QA À l'est du largo da Ajuda subsistent quelques îlots villageois à l'habitat disparate, où la vie familiale et communautaire est centrée sur une cour ou une ruelle que dominent des immeubles sans grâce bâtis dans les années 1980. Ces *páteos* étaient à l'origine des petits quartiers solidaires d'artisans ou d'ouvriers. Certains ont conservé leurs jardinets maraîchers. L'ambiance y est généralement à la fête entre voisins en fin de semaine. Désormais privatisé, le **páteo Alfacinha** *(rua do Guarda Jóias, 44)* a fait l'objet d'une belle rénovation.

Museu Nacional de Etnologia

QA *Avenida Ilha da Madeira - Restelo - ✆ 213 041 160 - mnetnologia.wordpress.com - mar. 14h-18h, merc.-dim. 10h-18h - 3 € - visite guidée (en angl. - 1h - horaire et prix selon disponibilité et taille du groupe) : réserv. 1 sem. avant.*

Le musée d'Ethnologie est situé dans le quartier de Restelo, entre Ajuda et Belém. Divisée en sept espaces thématiques, la salle des collections permanentes expose des figures du théâtre d'ombre de Bali, des poupées d'Angola, des instruments de musique populaires du Portugal, des masques du Mali, entre autres objets étonnants. Une visite guidée permet de découvrir en outre deux des **réserves★**, aux collections exceptionnelles ; la première traite de la société rurale et traditionnelle portugaise, et la seconde présente les cultures amazoniennes. Expositions temporaires et thématiques, visite des réserves du **Museu de Arte Popular** de Belém *(sur réserv.)*, dont la gestion dépend du musée national d'Ethnologie.

JoseIgnacioSoto/Getty Images Plus

Palácio Nacional da Ajuda.

L'Alfama★★ et la Mouraria

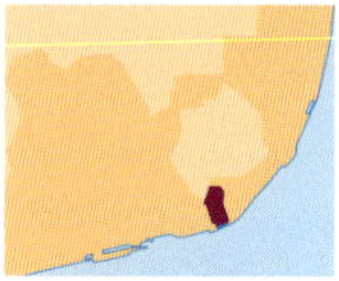

Délimité au nord par le château, le quartier de l'Alfama s'étage sur le flanc sud d'une colline qui descend vers le Tage. C'est le plus connu et le plus ancien de la ville (il a été épargné par le tremblement de terre de 1755), le symbole de la Lisbonne populaire, qui formait déjà le centre-ville à l'époque romaine, comme l'attestent les ruines du théâtre antique. Son labyrinthe de ruelles médiévales, ponctué de venelles pentues, de cours et d'impasses, coupé d'escaliers et d'arcs, tricote un quartier poétique où il est facile et tellement plaisant de se perdre ! Sur le flanc nord-ouest de la colline s'accroche la Mouraria, berceau du fado, un quartier populaire aujourd'hui en pleine réhabilitation.

▶**Accès :** M Terreiro do Paço ou Rossio (pour l'Alfama), Martim Moniz ou Intendente (pour la Mouraria). Tram 12E, 28E.

Plan de quartier p. 52-53 (Alfama) et p. 61 (Mouraria). Plan détachable F6-7.

▶**Conseils :** Prévoyez des chaussures confortables et promenez-vous le matin : l'été, à la fraîche, les ruelles aux airs de raidillons paraissent moins rudes. S'il vous reste du temps (et de l'énergie) après une exploration de l'Alfama, embrayez sur les quartiers voisins : Mouraria (*p. 59*) et Graça (*p. 60*).

Castelo de São Jorge ★★

218 800 620 - castelodesaojorge.pt - 9h-21h (19h en hiver) - 15 € (13-25 ans 7,50 €).

Pour accéder au château à moindre effort, empruntez le bus 737 au départ de la praça da Figueira ou prenez l'escalator qui longe les escadinhas da Saúde et relie la praça Martim Moniz à la rua Marquês Ponte de Lima, au cœur du quartier de la Mouraria, puis continuez à grimper dans le lacis de ruelles (fléchage). Pensez aussi à l'Elevador do Castelo (p. 128).

Berceau de la cité, le **château St-Georges** occupe une position stratégique remarquable sur une butte. Il fut bâti par les Wisigoths au 5e s., agrandi par les Maures au 9e s., et modifié sous le règne d'Alphonse Henriques (12e s.). La visite, une agréable promenade ombragée, vaut surtout pour les panoramas qu'elle dispense sur le site de Lisbonne. Une fois franchie l'enceinte extérieure qui abrite le quartier médiéval, on atteint l'ancienne place d'armes ; de là, on découvre une **vue**★★★ magnifique sur la « mer de Paille » (le Tage), les agglomérations de la rive gauche et le pont du 25-Avril, sur la ville basse et le parc de Monsanto à l'ouest.

Le **Paço Real** (palais royal), à l'emplacement du palais maure, s'élevait devant l'entrée du château. Du

Castelo de São Jorge.

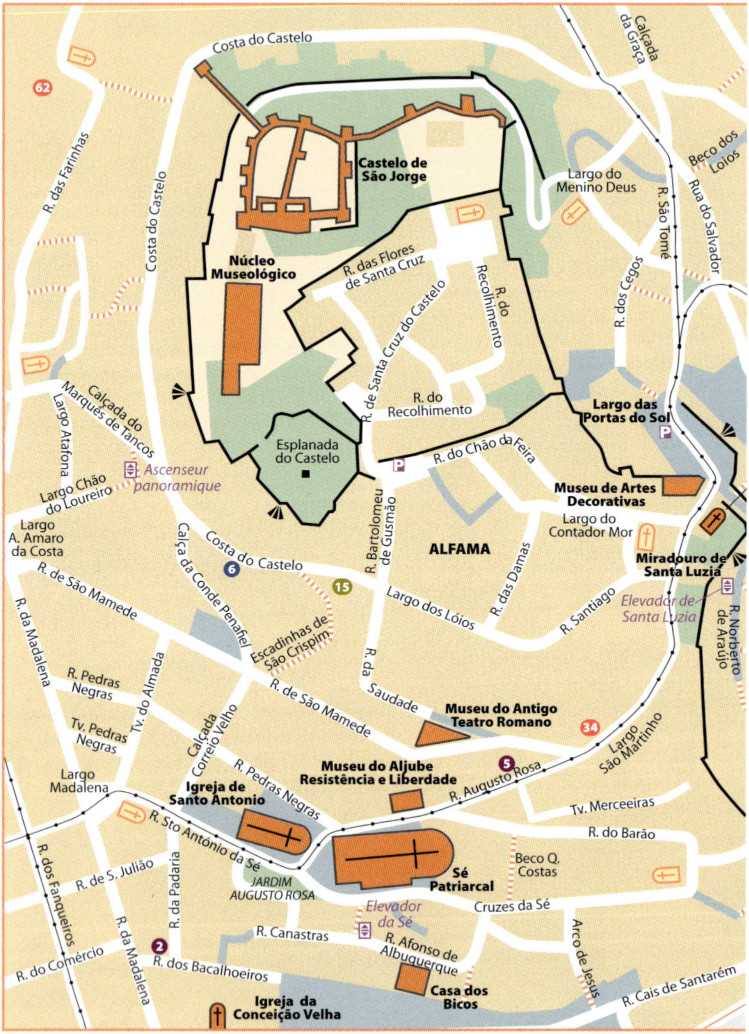
Costa do Castelo
Calçada da Graça
Castelo de São Jorge
Largo do Menino Deus
Beco dos Loios
R. São Tomé
Rua do Salvador
R. das Farinhas
Costa do Castelo
Núcleo Museológico
R. das Flores de Santa Cruz
R. do Recolhimento
R. dos Cegos
R. de Santa Cruz do Castelo
R. do Recolhimento
Largo das Portas do Sol
Calçada do Marquês de Tancos
Largo Atafona
Esplanada do Castelo
R. do Chão da Feira
Ascenseur panoramique
Largo Chão do Loureiro
Museu de Artes Decorativas
Largo A. Amaro da Costa
Calçada do Conde Penafiel
Costa do Castelo
R. Bartolomeu de Gusmão
ALFAMA
Largo do Contador Mor
Miradouro de Santa Luzia
R. de São Mamede
Largo dos Lóios
R. das Damas
R. Santiago
Elevador de Santa Luzia
R. Norberto de Araújo
R. da Madalena
Escadinhas de São Crispim
R. da Saudade
R. Pedras Negras
Tv. do Almada
R. de São Mamede
Museu do Antigo Teatro Romano
Tv. Pedras Negras
Calçada Correio Velho
Largo São Martinho
Largo Madalena
R. Pedras Negras
Museu do Aljube Resistência e Liberdade
R. Augusto Rosa
Igreja de Santo Antonio
Tv. Merceeiras
R. Sto António da Sé
R. do Barão
R. dos Fanqueiros
R. de S. Julião
R. da Padaria
JARDIM AUGUSTO ROSA
Sé Patriarcal
Beco Q. Costas
Elevador da Sé
Cruzes da Sé
R. da Madalena
R. Canastras
R. Afonso de Albuquerque
Arco de Jesus
R. do Comércio
R. dos Bacalhoeiros
Casa dos Bicos
R. Cais de Santarém
Igreja da Conceição Velha
62
6
15
34
5
2

Panteão Nacional
Campo de Santa Clara
Campo de Sta Clara
Tv. Zagalo
Calç. Cascão
R. do Paraíso
São Vicente de Fora
R. de São Vicente
Calçada de São Vicente
Largo do Outeirinho da Amendoeira
Largo de Santa Marinha
R. da Oliveirinha
Escolas Gerais
R. das Escolas Gerais
Calç. do Tijolo
Largo do Sequeira
Escadinhas Arco da Dona Rosa
R. dos Remédios
R. Museu da Artilharia
Museu Militar
R. dos Corvos
R. do Vigário
Beco da Lapa
Beco Belo
Beco dos Ramos
Largo Museu da Artilharia
R. de Guilherme Braga
Pátio do Peneireiro
Largo de Santo Estêvão
Santo Estêvão
Escadinhas de Santo Estêvão
Igreja de Santa Luzia
R. da Regueira
Beco de Sta Helena
Beco das Cruzes
Beco do Carneiro
R. dos Remédios
Beco da Lapa
Boqueirão Ponte da Lama
R. Jardim do Tabaco
R. do Castelo Picão
Beco Formosa
R. de São Miguel
Beco do Mexias
Espírito Santo
São Miguel
Largo do Chafariz de Dentro
R. de São Pedro
Largo de São Miguel
Cais Lingueta
Av. Infante Dom Henrique
Tv. do Terreiro do Trigo
R. do Terreiro do Trigo
Museu do Fado
Largo de São Rafael
Torre
R. da Judiaria
Casa de Janelas Geminadas
Largo do Terreiro do Trigo
Alfândega
Av. Infante Dom Henrique
TERMINAL DE CRUZEIROS DE LISBOA
N
LISBOA
ALFAMA
0
150 m
Elevador
SE RESTAURER
Le Petit Café 34
Cantinho do Aziz 62
PRENDRE UN VERRE
Chapitô 6
Tejo Bar 7
SHOPPING
Conserveira de Lisboa 2
Chi Coração 5
SORTIR
A Baiuca 2
SE LOGER
Solar dos Mouros 15

Alfama d'hier et d'aujourd'hui

La présence romaine dans l'Alfama est attestée par les fouilles réalisées à l'intérieur de la cathédrale, par le réseau de galeries souterraines courant jusqu'à la Baixa et par les ruines du théâtre romain. Le quartier était également peuplé à l'époque des Wisigoths. Durant l'occupation musulmane, il s'appelait al-Alhaman, c'est-à-dire « la fontaine », en référence à une source d'eau chaude située largo das Alcaçarias. Les Maures y construisirent des demeures nobles, et les chrétiens des églises, dont la plupart n'ont pas résisté au tremblement de terre. Une petite communauté séfarade s'établit également ici, présence qu'un Museu Judaico, en projet dans le quartier de Belém pour 2025, devrait venir rappeler. L'Alfama était un quartier de marins et de pêcheurs. Les maisons parfois délabrées sont décorées de balcons en fer forgé et de panneaux d'azulejos représentant le plus souvent la Vierge entre saint Antoine et saint Martial. Bien qu'ayant fait l'objet de nombreuses rénovations, l'Alfama conserve son caractère traditionnel et villageois.

14e au 16e s., il fut le lieu de résidence des souverains portugais, jusqu'à ce que Manuel Ier fasse ériger un palais au bord du Tage, sur l'actuelle praça do Comércio. Aujourd'hui, ses vestiges abritent un petit café-restaurant près desquels vaquent des paons, ainsi que le **Núcleo Arqueológico**, où sont exposés les maigres résultats des fouilles.

Le château compte dix tours reliées entre elles par de puissantes murailles crénelées. On franchit la barbacane d'entrée; puis des escaliers mènent au chemin de ronde et au sommet des tours qui sont autant de belvédères sur la ville.

Remarquez en passant, percée dans la muraille nord, la porte où **Martim Moniz** s'illustra par un acte de bravoure : au prix de sa vie, il empêcha les Maures de refermer cette porte pendant l'attaque d'Alphonse Henriques.

Dans la **Torre de Ulisses**, un périscope transmet en temps réel, dans une chambre noire, des vues des différents quartiers de Lisbonne et de ses monuments *(10h-17h - sessions ttes les 30mn)*.

Miradouro de Santa Luzia ★

Une placette, attenante à l'église Santa Luzia, a été aménagée en **belvédère** sur les vestiges des anciennes fortifications maures. Elle offre une très belle **vue★★** sur le Tage, le port et, juste au-dessous, sur les toits de l'Alfama et le dédale de ruelles dominées par les clochers de São Miguel et de Santo Estêvão.

Les murs extérieurs de l'**église Santa Luzia** sont tapissés de panneaux d'azulejos dont l'un représente la praça do Comércio et l'autre la prise de Lisbonne par les croisés, ainsi que la mort de Martim Moniz dans le château São Jorge. Des azulejos montrant une vue générale de Lisbonne recouvrent le mur sud de la place.

Largo das Portas do Sol ★

La **porte du Soleil** était l'une des sept portes de la cité maure. Située de l'autre côté de l'église Santa Luzia, cette place dispose d'une petite terrasse agréable offrant une belle **vue**★★ sur les maisons de l'Alfama, le monastère São Vicente de Fora et le fleuve.

Museu de Artes Decorativas - Fundação Ricardo do Espírito Santo Silva ★★

Largo das Portas do Sol, 2 - ✆ 218 814 600/218 814 639 - www.fress.pt - merc.-lun. 10h30, 12h, 14h et 15h - 10 € - visite guidée des ateliers sur réserv. 10 €.

L'ancien palais des comtes Azurara (17e s.) et les merveilleuses collections qu'il abrite furent légués à la ville par le banquier Ricardo do Espírito Santo Silva en 1953. Le musée évoque l'atmosphère fastueuse d'une demeure aristocratique aux 17e et 18e s. à travers une succession de petites salles décorées d'azulejos et de fresques, sur trois niveaux. Le mobilier portugais et indo-portugais y est particulièrement bien représenté. Également des collections d'argenterie, de porcelaines chinoises et des tapisseries des 16e et 18e s.

Expositions temporaires et cafétéria dotée d'un patio accueillant. À côté du musée, une école d'arts décoratifs a été créée en 1990.

Igreja de São Miguel

Blottie en contrebas du miradouro de Santa Luzia, cette église à l'origine romane, reconstruite après le séisme de 1755, possède quelques belles boiseries baroques.

Largo de São Rafael

Du côté ouest de cette placette entourée de maisons du 17e s., vous verrez les vestiges d'une **tour**. Elle faisait jadis partie de la muraille maure qui protégea la Lisbonne chrétienne jusqu'au 14e s., lorsque le roi Ferdinand fit construire une nouvelle enceinte.

Rua da Judiária

Dans l'ancien **quartier juif**, remarquez la maison à fenêtres géminées (**Casa de Janelas Geminadas**, 16e s.), au-dessus des contreforts de l'ancienne muraille maure.

Museu do Fado

Largo do Chafariz de Dentro, 1 - ✆ 218 823 470 - www.museudofado.pt - mar.-dim. 10h-17h30 - 5 € (13-25 ans 2,50 €), audioguide en français inclus.

Il donne à voir et à écouter le fado grâce à des supports audiovisuels, des dioramas et une riche collection d'objets, dont la guitare portugaise à douze cordes, d'où dérive la guitare classique. Vente de CD sur place.

Rua dos Remédios

Voyez, au début de la rue (côté gauche), le portail manuélin de l'**église Espírito Santo**. Plus loin, le n° 2 de la calçadinha de Santo Estêvão présente un portail de la même époque.

Escadinhas de Santo Estêvão ★

Situés sur la gauche du n° 41 de la rua dos Remédios, ces **« petits escaliers »** sont composés d'une série de volées

La saudade

« Un mal qui fait du bien, un bien qui fait du mal » : c'est ainsi que le poète Camões (p. 149) qualifiait la *saudade*. Le mot, sans équivalent dans d'autres langues, désigne un sentiment qui pour beaucoup caractérise l'« âme » portugaise. Le fado (p. 150) est une forme d'expression privilégiée de la *saudade* qui, « avant d'être pensée, a été chantée », comme l'affirme l'essayiste Eduardo Lourenço. Le fado parle des amours inaccomplies, des départs, des ruptures, des difficultés de la vie, d'un destin contre lequel on ne peut rien. Cette fatalité et ce chagrin chantés dans le fado expriment parfaitement le sentiment contradictoire qui constitue la *saudade* : une mélancolie joyeuse, la douceur d'exprimer une douleur, une souffrance qui se contente et se satisfait d'elle-même...

diversement orientées, qui forment un cadre pittoresque. En passant derrière l'église Santo Estêvão, observez le mur à encorbellement et le panneau d'azulejos. Montez l'escalier qui longe l'église : d'en haut, belle **vue★** sur les toits de Lisbonne, le port et le Tage.

Beco do Carneiro

(Impasse du Bélier)

Elle forme une rue étroite aux escaliers en pente raide. Vers l'arrière, belle perspective sur la façade de l'église Santo Estêvão.

Beco das Cruzes

(Impasse des Croix)

À l'angle de la rua da Regueira et du beco das Cruzes s'élève une maison du 18e s. Au-dessus d'une porte en encorbellement, un panneau d'azulejos représente Notre-Dame de la Conception ; de là, joli point de vue sur la ruelle en escalier.

Museu do Antigo Teatro Romano

Rua de São Mamede, 3A - ✆ 215 818 530 - www.museudelisboa.pt/pt/nucleos/teatro-romano - mar.-dim. 10h-17h30 - 3 €.

Le site archéologique (1er s. av. J.-C.), étagé sur plusieurs niveaux de part et d'autre de la rua de São Mamede, a été très agréablement mis en valeur. L'ancien théâtre romain (aujourd'hui en ruines), unique sur le territoire portugais, pouvait accueillir entre 3000 et 5000 spectateurs. De la terrasse, **vue★** plongeante sur l'estuaire.

Museu do Aljube - Resistência e Liberdade

Rua Augusto Rosa, 42 - ✆ 215 818 535 - www.museudoaljube.pt - 10h-17h30 - 3 € (13-25 ans 1,50 €).

Le musée occupe l'ancienne **prison médiévale de l'Aljube**. Ouvert en 2015, pour le 41e anniversaire de la **révolution des Œillets**, il retrace les heures sombres de la dictature Salazar (1926-1974) et la lutte pour la liberté en un parcours chronologique illustré de documents d'archives. On voit au sous-sol les vestiges des geôles où les prisonniers politiques furent détenus jusqu'en 1965.

Jon Arnold Images/hemis.fr

Miradouro de Santa Luzia.

Sé Patriarcal ★★
(Cathédrale)

Largo de Santo António da Sé - ✆ 218 866 752 - lun., mar., jeu. vend. 9h30-19h, merc. et sam. 10h-18h; nov.-mai : lun.-sam. 10h-18h - 5 € (7-12 ans 3 €).

La cathédrale de Lisbonne a joué le rôle de forteresse, comme en témoignent ses deux tours de façade et ses créneaux. Elle fut construite dans le style roman à la fin du 12e s., peu après la conquête de la ville par Alphonse Henriques, aidé des croisés. Les architectes seraient les maîtres français Robert et Bernard, qui ont également construit la cathédrale de Coimbra. Cependant, la Sé fut de nombreuses fois remaniée, notamment suite aux tremblements de terre (celui de 1755 provoqua l'effondrement du chœur et de la lanterne qui surmontait la croisée du transept). Une habile restauration a rendu leur allure romane à la façade et à la nef, même si l'on y voit aussi des éléments gothiques et des remaniements des 17e et 18e s.

Trésor★ – *À droite, près de l'entrée.* Un escalier mène aux salles où sont exposés de magnifiques ornements sacerdotaux, des reliquaires et des pièces d'orfèvrerie sacrée. Dans l'élégante salle capitulaire du 18e s., l'**ostensoir** du roi Joseph Ier est serti de 4120 pierres précieuses.

Intérieur – La **nef** principale est couverte par une voûte en plein cintre et bordée par un élégant triforium.

L'ensemble est d'un style roman très sobre. Le **chœur**, sous une voûte à nervures soutenue par des trompes, fut reconstruit au 18e s. Fermant une chapelle proche de l'entrée de l'église, remarquez l'admirable **grille★** romane en fer forgé des fonts baptismaux. Le déambulatoire de style gothique (remanié au 14e s.) est pourvu de belles fenêtres lancéolées. L'une des chapelles rayonnantes abrite les **tombeaux gothiques★** (14e s.) de Lopo Fernandes Pacheco, compagnon d'armes du roi Alphonse IV, et de son épouse. Une autre contient une jolie crèche en terre cuite de Machado de Castro.

Cloître – Assez endommagé, le cloître proprement dit relève du style gothique cistercien (fin du 13e s.) et renferme des vestiges lapidaires. La galerie inférieure est soutenue par de puissants contreforts alternant avec des arcades gothiques surmontées par des oculi en étoile. Des vestiges romains et islamiques mis au jour lors des fouilles y sont exposés.

Igreja de Santo António

Largo de Santo António da Sé, 22 - stoantoniolisboa.com.

Près de la cathédrale, l'église fut construite en 1812 sur l'emplacement supposé de la maison natale de **saint Antoine de Padoue** (1195-1231), que les Lisboètes nomment saint Antoine de Lisbonne!

Museu Antoniano – *À gauche de l'église - mar.-dim. 10h-17h30 - 3 € (-12 ans gratuit).* Il est entièrement consacré à saint Antoine. Figures naïves, peintures ou panneaux d'azulejos.

Igreja da Conceição Velha

Rua da Alfândega.

La **façade sud★** du transept, seul vestige de l'église primitive qui s'est écroulée en 1755, est de style manuélin. Au tympan, Notre-Dame de

Saint Antoine, l'autre patron de Lisbonne

São Vicente est, officiellement, le saint patron de Lisbonne depuis le 12e s., et c'est sa légende qu'évoque le blason de la ville, un navire encadré de deux corbeaux. Mais c'est santo António, plus populaire et plus cher au cœur des Lisboètes, qui, en réalité, assume cette fonction... Fernando de Bulhões, connu sous le nom de saint Antoine de Padoue, naquit à Lisbonne en 1195, s'engagea dans l'ordre des Franciscains, voyagea au Maroc, vécut en France et en Italie du Nord, où ses prêches humanistes lui valurent un succès considérable. Il possédait, dit-on, le don d'ubiquité et, comme le Christ, il aurait multiplié des poissons à Rimini. Selon la légende, le jour de sa mort (en 1231 en Italie), les cloches de Lisbonne se mirent à sonner toutes seules. Dès l'année suivante, il fut canonisé. Saint Antoine favorise les mariages et le bonheur conjugal. Son invocation permet aussi de retrouver les objets perdus. Les Lisboètes continuent de célébrer avec ferveur le protecteur de la ville le **13 juin**, jour férié à Lisbonne. Partout fleurissent de petits autels à l'effigie du saint. La fête bat son plein : procession, défilés de groupes folkloriques, fanfares, feux d'artifice, sardines grillées et bals populaires.

la Miséricorde abrite sous son manteau le pape Léon X, le roi Manuel, la reine Éléonore, etc.

Casa dos Bicos
(Maison aux Pointes)

Rua dos Bacalhoeiros, 10 - lun.-sam. 10h-17h30 - gratuit.
La façade de cette maison, hérissée de pierres taillées en pointe de diamant, faisait partie d'un palais du 16e s., propriété du fils d'Afonso de Albuquerque, vice-roi des Indes. Lors du tremblement de terre de 1755, elle a perdu son étage, reconstruit en 1982 à l'occasion de l'exposition du Conseil de l'Europe sur le Portugal et les Grandes Découvertes. À l'intérieur, vestiges archéologiques romains et médiévaux.
L'édifice abrite la **Fundação José Saramago** (*✆ 218 802 040 - www.josesaramago.org - lun.-sam. 10h-17h30 - 3 €*), qui a pour vocation d'entretenir la mémoire du prix Nobel de littérature 1998. Des objets ayant appartenu à l'écrivain sont présentés au premier étage. Les cendres de Saramago (1922-2010) ont été dispersées au pied de l'olivier provenant de son village natal d'Azinhaga, près de Santarém, et replanté devant la maison aux Pointes.

MOURARIA

Voir plan de quartier **p. 61**

Ⓜ *Martim Moniz.*
Partant de la **praça Martim Moniz**, le quartier populaire de la Mouraria s'étire vers le nord jusqu'au métro Intendente, et, à l'est, part à l'assaut de la colline du château. Il doit son nom aux Maures, autorisés à s'établir au nord des murailles du castelo de São Jorge après la prise de la ville par les chrétiens, en 1147.

Largo do Intendente Pina Manique

Ⓜ *Intendente.*
En retrait de la très passante avenida Almirante Reis et bordée de vénérables immeubles, l'esplanade achève une réhabilitation réussie et accueille désormais des terrasses de cafés.
Au nord-ouest se dresse l'ancienne **manufacture de céramiques Viúva Lamego**, fondée en 1849, couverte d'azulejos chatoyants et ornée de figures allégoriques ou pittoresques. Des azulejos, bleus et blancs mais également dans le style du 18e s., couvrent aussi la façade de l'immeuble côté avenida Almirante Reis.

Miradouro da Senhora do Monte ★★

De la praça Martim Moniz, accès par l'escalator qui longe les escadinhas da Saúde, puis en grimpant les venelles de la Mouraria.
Un des plus spectaculaires belvédères de Lisbonne, avec une **vue★★★** sur le château St-Georges, le quartier de la Mouraria et la ville basse. La **chapelle** près du belvédère date de 1796, mais elle fut fondée en 1147, année de la reconquête de Lisbonne.

Graça et Santa Apolónia

Derrière l'Alfama et la Mouraria s'étendent des quartiers à l'identité bien affirmée. Celui de Graça, dans les hauteurs au nord-est de l'Alfama, offre quelques-uns des plus beaux points de vue sur la ville. S'y côtoient anciens couvents, palais, immeubles habités par les classes moyennes, villas et cités ouvrières nées au 19e s. En contrebas, non loin de la gare de Santa Apolónia, d'immenses paquebots de croisière accostent près d'anciens docks reconvertis en restaurants branchés.

▶**Accès :** M Santa Apolónia ou Martim Moniz. Tram 12E, 28E.
Plan de quartier ci-contre. Plan détachable FH5-7.
▶**Conseil :** Visitez ces quartiers en matinée le mardi ou le samedi, quand se tient la Feira da Ladra, le pittoresque marché aux puces du campo de Santa Clara.

Igreja e Convento de Nossa Senhora da Graça

Largo da Graça - Tram 28E - mar. 10h-12h30, 13h30-17h, merc.-sam. 10h-17h, dim. 10h-13h, 14h-17h.
Cet imposant ensemble sur la colline de Graça domine la ville. Sa fondation remonte au 13e s., mais il a été reconstruit plusieurs fois, en particulier au 16e s. et après le tremblement de terre de 1755. À côté du portail du couvent s'élève le clocher, bâti en 1738. L'intérieur de l'édifice, fastueux, évoque quelque salle de spectacle avec sa nef percée de vastes tribunes.
Miradouro da Graça – Devant l'église, le belvédère de Graça, avec son petit café en terrasse, offre une **vue★** étendue sur Lisbonne : à l'est, le château, à l'ouest, le pont et le fleuve, en contrebas, la Mouraria.

Igreja de São Vicente de Fora

Largo de São Vicente - Tram 28E - ✆ 218 824 400 - lun.-sam. 8h-13h, 14h-17h - gratuit - concerts d'orgue : rens. sur place.
Érigée par l'architecte italien Philippe Terzi de 1582 à 1627, l'église se trouvait autrefois « hors les murs » *(fora)*, c'est-à-dire à l'extérieur des remparts de la ville. Modèle de l'architecture religieuse portugaise, cet édifice jésuite, imposant exemple de l'architecture maniériste, inspirera jusqu'au 18e s. les églises de toutes les villes de l'Empire, du Brésil à Macao. L'intérieur, que coiffe une jolie voûte à caissons, se distingue par la rigueur de ses lignes. L'église est consacrée à saint Vincent, le saint patron « officiel » de Lisbonne (*encadré p. 58*).

SE RESTAURER
Le Petit Café 34
Santa Clara dos Cogumelos 38
Ramiro 52
Cantinho do Aziz 62

PRENDRE UN VERRE
Chapitô 6
Tejo Bar 7

SHOPPING
Conserveira de Lisboa 2
Chi Coração 5
A Arte da Terra 8
A Vida Portuguesa 9
Feira da Ladra 10
Armazém das Caldas 36

SORTIR
A Baiuca 2
Tasca do Jaime 3
Lux Frágil 4

SE LOGER
Albergaria Senhora do Monte 6
Solar dos Mouros 15

61

Mosteiro de São Vicente de Fora

Largo de São Vicente - mosteirodesaovicentedefora.com - Tram 28E - ✆ 218 810 559 - mar.-dim. 10h-17h - 5 €.
Le couvent s'ouvre à droite de l'église. Dans la **conciergerie** *(portaria)*, au plafond peint par Vicente Bacarelli (18e s.), un grand panneau d'azulejos représente la prise de Lisbonne aux Maures : on y reconnaît le château St-Georges et la cathédrale.
Le premier **cloître** des Augustins est coiffé d'une terrasse supérieure aux murs couverts d'**azulejos**★ du 18e s., évoquant les fables de La Fontaine. Séparé du premier par une sacristie en marbre polychrome, le second cloître donne accès à l'ancien réfectoire des moines, transformé après le règne de Jean IV en panthéon de la dynastie des Bragance.

Campo de Santa Clara ★

Tram *28E.* L'agréable place, encadrée d'élégantes façades, s'étend entre les églises de São Vicente de Fora et Santa Engrácia. Tous les mardis et samedis s'y déroule la **Feira da Ladra** (Foire de la voleuse), un pittoresque **marché aux puces** où l'on peut trouver, au milieu du bric-à-brac, quelques belles céramiques anciennes *(« Shopping » p. 108)*.
Son côté nord est occupé par le **Palácio Lavradio** (18e s.), qui abrite le tribunal militaire. Au centre, le petit **jardim Botto Machado** offre une halte parmi les essences exotiques et un beau point de vue sur le Tage en contrebas.

Olrg Churakov/Getty Images Plus

L'église et le couvent Nossa Senhora da Graça, au premier plan, dominant la ville et le fleuve.

Histoire d'eau

Les tentatives d'acheminement vers Lisbonne des eaux des sources qui jaillissent au pied de la serra de Sintra avaient commencé dès 1571. Mais il fallut attendre 1731 et l'autorisation du roi Jean V pour que l'aqueduc soit érigé (1732-1748). Ses eaux se déversaient dans le réservoir de la Mãe d'Água das Amoreiras (1752-1834, *p. 30*), d'où elles étaient distribuées vers les fontaines et canalisations de la ville. En 1880 fut installée la 3e structure de ce réseau, la station de pompage des Barbadinhos, où se trouve aujourd'hui le Museu da Água *(voir ci-dessous)*. Le Reservatório da Patriarcal *(p. 28)* complète ce système qui approvisionna la ville en eau jusqu'en 1967.

Igreja de Santa Engrácia - Panteão Nacional ★

Campo de Santa Clara - Tram 28E - ☎ 218 854 820 - www.panteaonacional.gov.pt - mar.-dim. 10h-17h40 (16h40 d'oct. à mars) - 4 €.

L'expression « comme les travaux de Santa Engrácia » est passée dans le langage populaire pour désigner une entreprise jamais menée à terme. En effet, cette église, commencée au 17e s., n'avait jamais été achevée. En forme de croix grecque, elle a été couronnée d'un dôme qui complète harmonieusement sa façade baroque, et inaugurée en 1966. Devenue **Panthéon national**, elle abrite en son centre les cénotaphes de six grands hommes portugais : Camões, Henri le Navigateur, Pedro Álvares Cabral, Vasco de Gama, Afonso de Albuquerque et Nuno Álvares Pereira. En juillet 2001, la chanteuse de fado Amália Rodrigues (*p. 152*) fut la première femme transférée au Panthéon national. Très belle **vue**★ sur le Tage depuis la terrasse du dôme.

Museu Militar

Largo do Museu da Artilharia - M Santa Apolónia - ☎ 218 842 569 - mar.-dim. 10h-17h - 3 € (-12 ans gratuit).

Au bord du Tage, l'ancien arsenal du 18e s. a conservé de remarquables boiseries ainsi que des azulejos et des plafonds représentant des scènes de bataille. Maquettes, tableaux et de nombreuses armes du 16e s. à la fin du 19e s. évoquent le passé militaire du pays.

Museu da Água da EPAL ★

(Musée de l'Eau de l'EPAL)

G5 *Rua do Alviela, 12 - ☎ 218 100 215 - www.epal.pt - M Santa Apolónia, BUS 712 ou 735 - mar.-sam. 10h-12h30, 13h30-17h30 - 4 €.*

Il raconte l'histoire de la distribution de l'eau à Lisbonne (*encadré ci-dessus)* et plus particulièrement le projet des Águas Livres (eaux libres), conçu par l'ingénieur Manuel da Maia. Le musée occupe l'ancienne **station de pompage à vapeur des Barbadinhos**, intéressant exemple d'architecture industrielle (dernier quart du 19e s.) qui allie la brique, le bois, la fonte et le cuivre autour de quatre puissantes machines à vapeur, dont l'une est parfois mise en fonctionnement pour les visiteurs.

Marvila

En suivant le Tage vers le nord, au-delà de la gare Santa Apolónia, on découvre l'incontournable musée de l'Azulejo, qui occupe un couvent manuélin du quartier de Penha da França. Plus loin, on quitte les sentiers battus de la Lisbonne touristique pour gagner Beato puis Marvila, quartiers d'entrepôts et de docks longtemps laissés pour compte et renouant aujourd'hui avec la vie et la couleur. Les artistes de rue se sont emparés de leurs murs, qui accueillent désormais des micro-brasseries et leurs taprooms (bars), des galeries d'art et des espaces alternatifs...

▶**Accès :** M Santa Apolónia. Braço de Prata. BUS 718, 728, entre autres.

Plan d'agglomération p. 14-15 (ND). Plan de quartier ci-contre.

▶**Conseils :** Passez par les services d'un guide de la Galeria de Arte Urbana (GAU, *voir encadré p. 24*) pour découvrir les fresques située au nord des voies ferrées, dans les quartiers de logements sociaux.

Museu Nacional do Azulejo ★★

Plan détachable H4 *R. da Madre de Deus, 4 - ✆ 218 100 340 - www.museudoazulejo.pt - BUS 759, 742 ou 718 - mar.-dim. 10h-12h30, 14h-17h30 - 5 €.*

Excentré dans un quartier un peu triste, le musée occupe les bâtiments de l'Igreja e Convento da **Madre de Deus**, fondés au 16e s. et reconstruits après 1755 (beau portail manuélin sur la façade de l'église, côté rue). Il présente la grande aventure des azulejos, des carreaux hispano-mauresques du 15e s. aux réalisations contemporaines.

Dans les galeries du grand cloître se trouvent de beaux exemples d'azulejos sévillans (15e-16e s.), supplantés par le style majolique italien (faïence de la Renaissance) et repris par les premiers ateliers portugais. On pénètre dans l'église par un *coro baixo* dont les murs sont ornés d'azulejos sévillans du 16e s. L'**église**★★ (18e s.) éblouit par la profusion de bois doré, en particulier sur la chaire baroque. La nef est couverte d'une voûte à caissons dont les panneaux représentent des scènes de la vie de la Vierge. La partie basse des murs est garnie de carreaux de faïence hollandais du 18e s.

Le ravissant petit **cloître manuélin** a conservé ses azulejos polychromes d'origine (16e-17e s.). Au 1er étage sont exposés de magnifiques panneaux représentant des animaux, des batailles et des scènes de la vie quotidienne. La somptuosité et l'exubérance de la chapelle consacrée à saint Antoine et, surtout, de la **salle capitulaire**★ surplombant la nef sont impressionnantes.

Les autres salles de l'étage supérieur du cloître montrent la continuité de l'art de l'azulejo à travers des réalisations modernes, dont celles qui

MUSEU NACIONAL DO AZULEJO

décorent certaines stations du métro de Lisbonne, œuvres d'artistes de premier plan comme Júlio Pomar et Maria Helena Vieira da Silva. Au 2e étage est exposée la **vue panoramique de Lisbonne**. Ce document inestimable, une composition en bleu et blanc de 23 m de longueur constituée de près de 1300 panneaux d'azulejos, présente le visage de la ville avant 1755. Cafétéria décorée d'azulejos « alléchants » (jambons, lapins et autres victuailles) dans un patio rafraîchissant.
Voir aussi le chapitre « Azulejos et calçada portuguesa » p. 140.

MARVILA

Le quartier résume dans son architecture quatre siècles d'histoire. Les frontons triangulaires des entrepôts et les anciennes **fabriques** de sucre *(açúcar)*, de savon *(sabão)*, d'allumettes *(fósforos)*, de textile (laine et coton), d'armes et munitions *(material de guerra)* témoignent d'un siècle de dynamisme économique. Çà et là subsistent des édifices d'avant l'ère industrielle, comme l'**église de Marvila** (17e s.), des couvents et d'anciennes quintas, ou quelques demeures aristocratiques du 18e s. autour de **Poço do Bispo**, le cœur historique du quartier.
Tout ce patrimoine architectural longtemps abandonné sort de l'oubli. Les **entrepôts** sont peu à peu réhabilités, transformés en galeries d'art (.insofar, Francisco Fino, Underdogs...), en micro-brasseries artisanales (Dois Corvos, Musa...), en cabinets d'architectes, en espaces de coworking, en bars ou en restaurants *(voir p. 96 et 103)*. Marvila est devenu un quartier prisé des jeunes créateurs, attirés par des loyers comptant parmi les plus bas de la capitale, et par une situation commode, à mi-chemin entre le centre historique et le parc des Nations. Des qualités qui ont aussi fait vibrer l'oreille des promoteurs immobiliers...

Un quartier qui se réinvente

Marvila, alors aux portes de la ville, devient au Moyen-Âge un fief important du clergé et de l'aristocratie terrienne. L'abandon des quintas détruites par le séisme en 1755, puis l'abolition des ordres religieux en 1834, laissent le champ libre à l'implantation des premières fabriques. L'envol des activités portuaires et industrielles ont façonné le visage de Marvila dans la seconde moitié du 19e s., quand les nouvelles voies de chemin de fer et le port fluvial de Poço do Bispo facilitèrent la circulation des matières premières et des marchandises. Le quartier resta une zone ouvrière active jusque dans les années 1950, avant de décliner progressivement. Dans les années 1970-1990, des barres d'immeubles sortirent de terre au nord du quartier pour reloger les familles des ouvriers, jusque là cantonnées dans des baraques insalubres et surpeuplées. À l'est, l'ancienne fabrique de matériel de guerre a laissé place en 2020 aux Jardins de Braço de Prata, un ensemble de 500 appartements haut de gamme signé Renzo Piano.

Rua do Açúcar

Au n° 56-64 se tient le **Palácio da Mitra**, construit au 17e s. pour les prélats de Lisbonne et restructuré au 18e s. Il fut converti en fonderie métallurgique au 19e s. Racheté par la ville en 1930, il fit tour à tour office de bibliothèque et de musée. Il abrite aujourd'hui des services municipaux.
En suivant vers l'est, on passe devant les anciennes raffineries de sucre qui donnèrent leur nom à la rue, des fabriques de caoutchouc *(borracha)*, de liège *(cortiça)*... Sur le trottoir de droite se succèdent les façades triangulaires typiques des anciens entrepôts.

Praça David Leandro da Silva ★

Cette charmante placette ombragée par les jacarandas marque le centre de Poço de Bispo. Côté fleuve se trouvent les entrepôts vinicoles **Abel Pereira da Fonseca★**, un remarquable exemple d'architecture Art nouveau (1910). L'ancienne « cathédrale du vin », qui s'étendait jusqu'aux quais du port, accueille désormais, à l'étage, un espace de coworking au style moderne et dépouillé.

Marvila Art District (MAD)

Praça David Leandro da Silva, 20 madmarvila.pt - lun.-sam. 14h-19h - gratuit.
Le siège de la **fabrique José Domingos Barreiros** fut construit à la fin du 19e s. et décoré avec une profusion de stucs et de moulures, signe de la prospérité qu'a connue ce négociant en vins. Il accueille aujourd'hui des résidences d'artistes et les expos du MAD, qui privilégient les jeunes artistes portugais et de pays lusophones d'Afrique (Mozambique, Angola, Guinée Bissau...).
Emblématiques de l'architecture industrielle et ouvrière de l'entre-deux-guerres, les installations – entrepôts côté nord et quartiers des ouvriers côté sud – couvraient tout le pâté de maisons. Elles sont en cours de réhabilitation pour être transformées en appartements de grand luxe.

De l'autre côté du mur

Dans le cadre du festival MURO 2017, quinze grands noms de l'art urbain, portugais et latino-américains, ont pris bombes et pinceaux pour égayer les façades d'immeubles accueillant des logements sociaux. Vous verrez plusieurs de ces fresques géantes autour de la bibliothèque municipale de Marvila et depuis les quais de la gare Braço de Prata, sur les barres d'immeubles situées au nord des voies de chemin de fer.
www.festivalmuro.pt

Galeria Underdogs ★

R. Fernando Palha, 56 - 218 680 462 - www.under-dogs.net - mar.-sam. 14h-19h.
Le peintre et grapheur lisboète Vhils (Alexandre Farto, *voir p. 24*) fut l'un des premiers à installer sa galerie à Marvila, en 2013. Il y expose l'œuvre d'artistes internationaux alternatifs, reconnus ou jeunes talents, avec une place privilégiée pour l'art urbain et tout ce qui ramène l'art dans la rue.

Parque das Nações★

Quartier atypique par son esthétique et son organisation, le site de l'Exposition universelle de 1998 s'étend sur 60 ha au nord-est de la ville, sur les berges du Tage, aux abords du dock dos Olivais. Sur une zone industrielle jadis polluée, une véritable ville nouvelle est sortie de terre en quelques années, avec des immeubles résidentiels, des bureaux, des commerces, un port de plaisance et des jardins. Le Parc des Nations est aussi et surtout un espace de promenade et de divertissement, avec ses attractions et ses lieux de spectacle, ses bars et restaurants, ses jardins et sa vaste zone piétonne.

▶**Accès :** Ⓜ Oriente.

Plan d'agglomération p. 14-15 (ND). Plan de quartier ci-contre.

▶**Conseil :** Comptez une demi-journée pour vous promener dans le parc et visiter au moins le très bel aquarium. www.portaldasnacoes.pt

Estação do Oriente ★

(Gare d'Orient)

La grande gare multimodale (trains, métro et gare routière), œuvre de l'architecte espagnol Santiago Calatrava, est recouverte d'une structure arborescente de verre et d'acier aux allures de palmeraie.

Centro Vasco da Gama

Ce temple de la consommation, naturellement climatisé l'été par l'eau fraîche coulant sur ses verrières, compte 170 boutiques, un hypermarché et 6 salles de cinéma. L'étage supérieur est consacré à la restauration rapide.

Ponte Vasco da Gama ★★

Destiné à alléger le trafic du pont du 25-Avril, le majestueux pont routier Vasco-de-Gama fut construit entre 1995 et 1998. Long de 18 km, il franchit le Tage entre Sacavém et Montijo, créant une liaison directe entre le nord et le sud du pays en évitant le centre de Lisbonne. Les deux tiers du parcours s'effectuent au-dessus de l'eau. Certaines travées s'appuient sur des piliers pouvant atteindre 150 m de hauteur, enterrés jusqu'à 95 m de profondeur. La hauteur du tablier varie de 14 à 30 m pour permettre la navigation.

Torre Vasco da Gama

Située à l'extrême nord du parc, la tour était à l'origine un belvédère offrant des vues panoramiques sur l'ensemble du site et du quartier, ainsi que sur l'estuaire du Tage. Elle est flanquée d'un hôtel de luxe de 21 étages, obéissant aux principes de l'architecture bioclimatique.

Téléphérique

2 stations : près de la Torre Vasco de Gama et près de l'Oceanário -

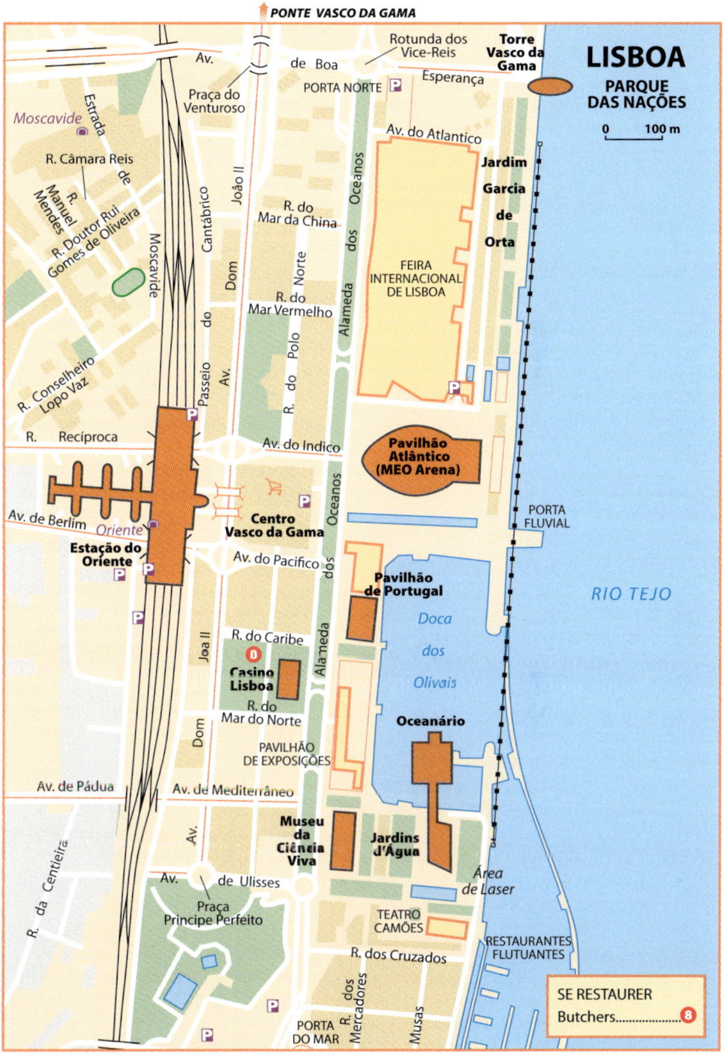
PONTE VASCO DA GAMA
LISBOA
PARQUE DAS NAÇÕES
0 100 m
Av. de Boa Esperança
Rotunda dos Vice-Reis
Torre Vasco da Gama
Praça do Venturoso
PORTA NORTE
Moscavide
Estrada de Moscavide
R. Câmara Reis
R. Manuel Mendes
R. Doutor Rui Gomes de Oliveira
Passeio do Cantábrico
Av. Dom João II
R. do Mar da China
R. do Mar Vermelho
R. do Polo Norte
Alameda dos Oceanos
Av. do Atlantico
Jardim Garcia de Orta
FEIRA INTERNACIONAL DE LISBOA
R. Conselheiro Lopo Vaz
R. Recíproca
Av. do Indico
Pavilhão Atlântico (MEO Arena)
Av. de Berlim
Oriente
Estação do Oriente
Centro Vasco da Gama
PORTA FLUVIAL
Av. do Pacifico
Pavilhão de Portugal
RIO TEJO
Doca dos Olivais
R. do Caribe
Casino Lisboa
R. do Mar do Norte
Oceanário
PAVILHÃO DE EXPOSIÇÕES
Av. de Pádua
Av. de Mediterrâneo
Museu da Ciência Viva
Jardins d'Água
Área de Laser
Av. de Ulisses
Praça Principe Perfeito
R. da Centieira
TEATRO CAMÕES
RESTAURANTES FLUTUANTES
R. dos Cruzados
R. dos Mercadores
Musas
PORTA DO MAR
SE RESTAURER
Butchers........................ 8

www.telecabinelisboa.pt - sept.-oct. et mars-mai : 11h-19h ; été : 10h30-20h ; hiver : 11h-18h - 9,50 € AR (3-12 ans 6,50 € AR). Les cabines ovoïdes longent les quais sur plus d'un kilomètre, juste au-dessus du fleuve et des jardins tropicaux. Une façon agréable de contempler le parc sans fatigue.

Jardim Garcia de Orta

Devant le Cais dos Olivais, le long du Tage, ce plaisant jardin porte le nom du médecin qui étudia et classa les plantes asiatiques au 16e s. Sa végétation est originaire des régions visitées par les Portugais à l'époque des Grandes Découvertes.

Les pavillons

Les pavillons de l'Exposition universelle, représentatifs de l'architecture contemporaine, ont désormais des fonctions et des contenus différents.

Pavilhão Atlântico (Pavillon de l'Atlantique ou Altice Arena) – *Rossio dos Olivais - ☎ 218 918 409 - arena.altice.pt.* Cet impressionnant bâtiment en forme de carène renversée peut recevoir jusqu'à 20 000 spectateurs et accueille des épreuves sportives, des concerts, des expositions et des congrès.

Pavilhão de Portugal★ (Pavillon du Portugal) – *Ne se visite pas.* Coiffée d'une dalle de béton incurvée, cette « sculpture architecturale » est l'œuvre de l'architecte portugais Álvaro Siza Vieira. Elle sert ponctuellement d'espace d'exposition.

Pavilhão do Conhecimento (Pavillon de la Connaissance) – *Alameda dos Oceanos - ☎ 218 917 100 - www.pavconhecimento.pt - mar.-vend. 10h-17h30, w.-end et j. fériés*

La revitalisation des berges du Tage

Le site du Parc des Nations s'insère dans une opération urbanistique de vaste envergure : le réaménagement de la partie orientale de la ville et la revitalisation des berges du Tage, longtemps colonisées par toutes sortes d'industries lourdes. Cette ville futuriste, qui a désormais dépassé les limites du schéma urbanistique initial, a été conçue comme un écoquartier. Elle s'est étendue au sud en se dotant d'une marina et en créant de nouveaux espaces verts entre Marvila et Braço de Prata (**Parque Ribeirinho Oriente**, inauguré en 2020). Très fréquenté le week-end et en période de vacances scolaires, le Parc des Nations est un peu atone en semaine, du moins quand on s'écarte de la gare et du centre commercial Vasco da Gama, épicentres de l'animation. Ses fontaines en forme de pyramides et sa promenade au bord du Tage offrent une balade infiniment plaisante. Une vingtaine d'œuvres d'artistes contemporains portugais et étrangers parsèment le parc. Des pavements décoratifs égaient les sols, tels ceux de Fernando Conduto devant le Rossio dos Olivais, ou de Pedro Proença à côté de l'Oceanário. La nuit, le parc reste animé, surtout l'été : concerts en plein air, notamment sur le Cais dos Olivais ou au pavillon de l'Atlantique, bars et restaurants...

10h-18h30 - 11 € (12-17 ans 9 €). Ce pavillon a été reconverti en musée interactif des sciences et des nouvelles technologies (**Centro Ciência Viva**), où sont présentées des expositions thématiques temporaires ludiques liées à la recherche scientifique. L'ensemble s'adresse principalement à un public scolaire portugais.

Casino Lisboa

Alameda dos Oceanos, 45 - ☏ 218 929 000 - www.casino-lisboa.pt - 15h-3h.
Aménagé sur 3 niveaux dans l'ancien **pavillon du Futur**, le casino offre plusieurs restaurants, des cafés lounge et un bar panoramique. Son **Auditório dos Oceanos** (600 places) accueille divers spectacles.

Oceanário de Lisboa ★★

Esplanada Dom Carlos I - ☏ 218 917 000 - www.oceanario.pt - 10h-19h - 22 € (3-12 ans 15 €).
Vedette incontestée de l'Expo'98, le plus grand aquarium d'Europe (au moment de son inauguration), conçu par l'architecte américain Peter Chermayeff, tient à la fois du musée et du parc océanographique. Il abrite près de 8 000 animaux marins et plus de 250 espèces de plantes.
Les cinq bassins principaux restituent les écosystèmes biogéographiques des océans Arctique, Indien, Pacifique et Atlantique, offrant un formidable ballet aquatique... Dans l'énorme **bassin central** de 7 000 m³ d'eau de haute mer (soit quatre piscines olympiques !) cohabitent en bonne harmonie les raies impressionnantes, les inquiétants requins, les grands bancs de maquereaux ou de chinchards, etc. Le parcours, tantôt émergé tantôt immergé, permet d'assister au plongeon des manchots de l'Antarctique ; dans la zone pacifique tempérée, les loutres de mer se prélassent telles des starlettes. Au 2e étage de l'Edifício do Mar, un parcours aquatique accueille des expositions temporaires d'envergure. Ce gigantesque laboratoire d'étude de la faune des mers du globe est aussi une institution vouée à la protection du monde aquatique.

Jardins d'Água

Dans cet espace ludique placé sous le signe de l'eau, des passerelles de bois font circuler les visiteurs sur un bassin, parmi les bambous et divers appareillages servant à recueillir l'eau, pour la plus grande joie des enfants. Ces **jardins d'eau** se prolongent tout au long de l'alameda dos Oceanos avec des sculptures coniques recouvertes de céramiques ruisselantes aux couleurs vives.

Avenida da Liberdade★ et Saldanha

Au nord de la Baixa s'étendent des quartiers modernes et résidentiels, quadrillés de larges avenues. Parmi elles, l'artère la plus majestueuse de Lisbonne, l'avenida da Liberdade, partiellement rendue aux piétons. Au nord de cette avenue, de l'autre côté du parc Eduardo VII, ne manquez pas le magnifique musée Calouste-Gulbenkian.

▶**Accès :** M Parque, Marquês de Pombal, São Sebastião, Saldanha, Praça de Espanha.

Plan détachable DE2-5.

▶**Conseil :** Vous pouvez rejoindre le musée Calouste-Gulbenkian à pied depuis la Baixa *(3,5 km, env. 1h)*, en remontant l'av. da Liberdade puis le parc Eduardo VII.

Avenida da Liberdade ★

DE4-5 Longue de 1300 m et large de 90 m, la plus majestueuse avenue de Lisbonne est un axe central donnant accès aux quartiers d'affaires du nord. Son esplanade centrale ombragée, agrémentée de petits jardins, invite à la promenade. Les trottoirs sont pavés de mosaïques de calcaire et de basalte, bordés d'immeubles de la fin du 19e s. et de constructions plus récentes abritant hôtels, agences de voyages, boutiques de luxe, etc.
L'avenida da Liberdade est limitée au nord par la **praça do Marquês de Pombal**, surnommée « Rotunda » par les Lisboètes, centre névralgique de la capitale où convergent les grandes avenues. Au centre, tournée vers le Tage et accompagnée d'un lion, se dresse l'effigie du marquis de Pombal.

Casa-Museu Medeiros e Almeida ★

D4 *Rua Rosa Araújo, 41 - M Marquês de Pombal - ✆ 213 547 892 - www.casa-museumedeirosealmeida.pt - lun.-sam. 10h-16h30 - 6 € - audioguide en français 2 €.*
Le petit manoir (1896) abrite une importante collection d'**arts décoratifs** constituée par l'homme d'affaires Medeiros e Almeida. Des 25 salles d'exposition, trois sont consacrées à l'argenterie, aux porcelaines chinoises et à l'**horlogerie**. Les autres pièces sont richement ornées de **mobilier** français ou indo-portugais, peintures, tapisseries... Dans la Sala do Lago, aux murs tapissés d'azulejos, levez les yeux

Parc Eduardo VII.

vers les peintures remarquablement restaurées du plafond de bois à caissons, représentant les Quatre Continents.
Si vous êtes dans le quartier, profitez-en pour faire un tour à la **Cinémathèque portugaise** (*« Prendre un verre » p. 103*).

Parque Eduardo VII ★

D3-4 Le parc à la française couronnant l'avenida da Liberdade offre une magnifique **perspective**★ sur la Baixa et le Tage. Dans l'angle nord-ouest se trouvent les **serres**★★ *(estufas - 218 170 996 - 10h-18h30 ; nov.-mars : 9h-16h30 - 3,25 €)* où s'épanouissent les plantes exotiques. Dans la **serre froide** *(estufa fria)*, très agréable en été, la brise circule à travers une toiture japonaise en bois. Plus petite, la **serre chaude** *(estufa quente)* présente des plantes semi-tropicales dans leur climat d'origine.

Casa-Museu Anastácio Gonçalves (CMAG)

E3 *Avenida 5 de Outubro, 6-8 (entrée par le jardin à l'arrière) - M Saldanha ou Picoas - 213 540 823 - mar.-sam. 10h-13h, 14h-18h, dim. 10h-14h, 15h-18h - 3 €.*
Le musée occupe deux villas ayant appartenu au docteur Anastácio Gonçalves, grand amateur d'art et ami de Gulbenkian. Il accueille des expositions temporaires et abrite une collection permanente constituée de porcelaines de Chine anciennes, de tableaux naturalistes, de mobilier, de tapis et d'orfèvrerie religieuse.

Museu Calouste Gulbenkian ★★★

D2 *Avenida de Berna, 45 (au nord du parc Eduardo VII) - M São Sebastião, Praça de Espanha - 217 823 000 - gulbenkian.pt/museu - merc.-lun. 10h-18h - 10 €, audioguide gratuit à télécharger sur le site - agenda des concerts : gulbenkian.pt/musica.*
Grand pôle d'attraction culturel de la capitale, la fondation Calouste-Gulbenkian comprend le musée proprement dit – distribué en deux espaces distincts que sépare un jardin –, quatre auditoriums polyvalents dont un en plein air, une zone de congrès, deux grandes galeries d'exposition et une bibliothèque d'art (200 000 volumes). Créée en 1956, l'institution privée distribue également de nombreuses bourses à de jeunes artistes, finance des recherches scientifiques et organise des expositions et des concerts de grande qualité. Elle possède deux délégations, à Londres et à Paris.
Collection du fondateur – Les quelque 6 000 œuvres léguées par Calouste Gulbenkian (*encadré ci-contre*) sont réunies dans un bâtiment aux vastes salles aérées donnant sur les jardins. On y découvre successivement les **antiquités égyptiennes et gréco-romaines**, l'**art de l'Orient islamique** (remarquable ensemble de céramiques et de **tapis persans** des 16e et 17e s.) et de **l'Extrême-Orient** puis l'**art européen**. Cette partie comprend des manuscrits médiévaux enluminés, des meubles, tapisseries, sculptures et peintures des 15e-19e s. Le goût

« Mister five percent »
« Monsieur 5 % ». C'est ainsi que l'on surnommait Calouste Gulbenkian, en référence au pourcentage qu'il prenait sur les bénéfices de l'Irak Petroleum Company. Cet Arménien né à Istanbul en 1869, collectionneur dans l'âme, avait commencé dès l'adolescence à acheter des pièces de monnaie anciennes avec son argent de poche. Son immense fortune, alliée à un œil averti pour les belles choses, lui permit d'amasser un nombre incalculable d'œuvres d'art. Pour choisir ses trésors, le magnat du pétrole n'avait qu'une seule devise : « Seul le meilleur est bon pour moi. » En 1942, pendant la Seconde Guerre mondiale, il trouve refuge à Lisbonne. À sa mort, en 1955, il lègue au Portugal une grande partie de son héritage afin de permettre la création de la fondation qui porte son nom.

éclectique, mais toujours raffiné, de Gulbenkian s'affirme dans son choix d'œuvres issues des écoles flamande et hollandaise (Rembrandt, Rubens), italienne (Ghirlandaio, Guardi), anglaise (Gainsborough, Turner), ainsi que de toiles **impressionnistes** (*Autoportrait* de Degas ; *La Bulle de savon* de Manet). La dernière salle réunit une collection époustouflante de **bijoux et pâtes de verre** Art nouveau de **René Lalique**, ami de Calouste Gulbenkian.

Jardins★ – Dessiné à la fin des années 1960 pour intégrer harmonieusement les bâtiments d'exposition, ce parc arboré plein de charme alterne espaces de détente, sous-bois, parterres fleuris et plans d'eau. On y déambule le long de sentiers sinueux, ponctués de sculptures contemporaines, de jeux d'ombre et de lumière.
En cours de finalisation (2024), le projet de l'architecte japonais Kengo Kuma vise à articuler cet espace vert avec la **praça de Espanha** toute proche. Ce carrefour routier essentiel, végétalisé et agrémenté de chemins d'eau forme désormais avec les jardins Gulbenkian un vaste espace de promenade arboré.

Centro de Arte Moderna (CAM) – *gulbenkian.pt/cam - fermé pour restructuration - réouverture prévue en 2024)*. Le bâtiment situé à l'extrémité des jardins de la fondation abrite la collection d'art moderne, riche de quelque 600 œuvres d'artistes portugais et étrangers (Amadeo de Souza-Cardoso, Eduardo Viana, José de Almada Negreiros, Maria Helena Vieira da Silva, Paula Rego, Helena Almeida, etc.).

Campo Pequeno et Campo Grande

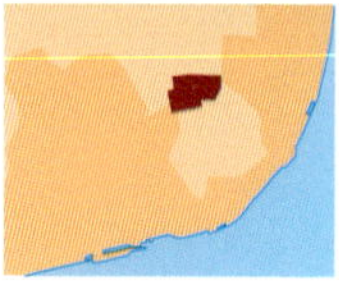

Au nord de la Baixa, ces deux quartiers d'affaires concentrent les bureaux, les sièges d'entreprises et… une importante circulation automobile ! Si la promenade n'y est guère passionnante, elle a le mérite de montrer une autre facette, moins touristique, de la capitale, avec quelques buts d'excursion : l'architecture néomauresque des arènes, le musée de la Ville et les faïences du musée Rafael-Bordalo-Pinheiro.

▶**Accès :** Ⓜ Campo Pequeno, Campo Grande.

Plan d'agglomération p. 14-15 (CN). Plan détachable EF1.

▶**Conseil :** Consultez l'agenda des spectacles : des artistes se produisent régulièrement dans les arènes de Campo Pequeno.

Praça de Touros

E1 *Avenida da República - www.sagrescampopequeno.pt.*
Les **arènes** du Campo Pequeno, habillées de brique rouge, furent bâties au début des années 1890 dans un style néomauresque (dômes à bulbe, arcs outrepassés et croissants de lune). Les *touradas* (variante portugaise de la corrida, sans mise à mort) partagent l'arène avec les concerts et les spectacles. Face aux arènes, la **bibliothèque municipale** est installée dans le palais Galveias du 16e s.

Museu de Lisboa

Campo Grande, 245 - ✆ 217 513 200 - www.museudelisboa.pt - mar.-dim. 10h-17h30 - 3 € - billet valable pour le Teatro Romano, la Casa dos Bicos, le Museu Santo António.
En haut du jardim do Campo Grande, le musée de la ville occupe le **Palácio Pimenta**, élégant édifice construit au 18e s. L'histoire de Lisbonne est évoquée par des vestiges romains, wisigothiques, arabes et médiévaux, des faïences et des gravures la représentant. Une maquette reconstitue la ville au début du 18e s., avant le tremblement de terre. Des azulejos figurent le terreiro do Paço avant la disparition du palais royal.

Museu Bordalo Pinheiro

Campo Grande, 382 - ✆ 218 818 540 - museubordalopinheiro.pt - mar.-dim. 10h-18h - 3 €.
Située de l'autre côté du Campo Grande, cette maison rassemble dessins, caricatures et **faïences**★ de Rafael Bordalo Pinheiro (1846-1905), artiste prolifique qui, avec son frère, fut très présent dans la vie artistique de la fin du 19e s.

Paço do Lumiar

Dans le vaste jardin botanique de la Quinta de Monteiro-Mor, que longe l'estrada do Lumiar bordée de belles propriétés, deux palais ont été aménagés. L'un abrite le musée du Costume et de la Mode, l'autre le musée du Théâtre.

▶**Accès :** M Lumiar.

Plan d'agglomération **p. 14-15 (BN, hors plan).**

▶**Conseil :** Avec ses espèces exotiques et son côté sauvage, le jardin botanique de Monteiro-Mor est un lieu agréable pour pique-niquer.

Museu Nacional do Traje e da Moda ★

(Musée national du Costume et de la Mode)

Largo Júlio de Castilho - M Lumiar (prendre l'estrada do Torre, puis à droite la rua do Lumiar ; tourner à gauche, et franchir le large bd vers la gauche) - ✆ 217 567 620 - mar.-dim. 10h-12h30, 14h-17h30 - 4 € ; 6 € billet combiné Museu do Teatro e da Dança et jardim de Monteiro-Mor.
L'élégant palais des marquis de Angeja renferme plus de 7 000 costumes. Les collections, bien présentées, font revivre une époque, une ville, une profession... Près du musée, un pavillon sert de cadre à un agréable restaurant *(temporairement fermé pour travaux)*. L'endroit s'agrémente d'un parc botanique de 11 ha, né au 18e s. et traversé par une rivière en partie canalisée.

Museu Nacional do Teatro e da Dança

Estrada do Lumiar, 10 (en sortant du Museu Nac. do Traje e da Moda, prendre à droite la rua do Alqueidão) - ✆ 217 567 410 - mar.-dim. 10h-12h30, 14h-17h30 - 4 € ; 6 € billet combiné avec le Museu Nac. do Traje e da Moda et le jardim de Monteiro-Mor.
Dans le palais de Monteiro-Mor sont exposés des costumes de scène, maquettes de décor, photos et documents ayant trait au théâtre et aux arts du spectacle, du 18e s. à nos jours. Expositions temporaires. Bibliothèque spécialisée.

Jardim Botânico de Monteiro-Mor

✆ 217 567 620 - mar.-dim. 10h-13h, 14h-18h - 3 € ; 6 € billet combiné avec le Museu Nac. do Traje e da Moda et le Museu Nac. do Teatro e da Dança.
En contrebas du palais, ce jardin séduit par la variété de ses espèces exotiques, ses bassins et son côté sauvage accentué par les reliefs. Un jardin de sculptures accueille les créations de quatre artistes contemporains.

Benfica

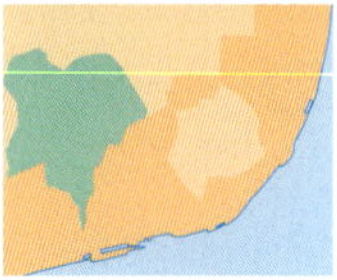

Le nom de ce quartier de Lisbonne évoque immédiatement le célèbre club de foot. La localité de Benfica elle-même ne revêt pas grand charme. Pourtant, au milieu des cités-dortoirs, se cache l'une des perles de la capitale : le palais des marquis de Fronteira. L'occasion d'une échappée hors du centre, agrémentée par la présence de deux immenses parcs, le Parque Florestal de Monsanto et le jardin zoologique.

▶**Accès :** Ⓜ Jardim Zoológico, Alto dos Moinhos.

Plan d'agglomération p. 14-15 (AB-NP). Plan détachable AB1-5.

▶**Conseil :** Le parc de Monsanto est immense, le mieux est d'y aller en taxi.

Palácio dos Marqueses de Fronteira ★★★

(Palais des marquis de Fronteira)

A2 *Largo São Domingos de Benfica, 1 - Ⓜ Jardim Zoológico puis 15-20mn à pied - ✆ 217 782 023 - fronteira-alorna.pt - vis. guidée (45mn) en français : lun.-vend. à 10h30, 12h, 13h30, 15h et 16h30, sam. et dernier dim. du mois 10h30, 12h et 13h30 - 14 € - vis. libre du jardin : lun.-vend. 9h30-17h30, sam. et dernier dim. du mois 9h30-13h30 - 6 € - audioguide 3 €.*

Le palais, situé en lisière nord du parc de Monsanto, fut construit à la demande de João de Mascarenhas, premier marquis de Fronteira, vers 1670. L'ancien pavillon de chasse en pleine nature, désormais cerné par l'urbanisation, est toujours habité par l'actuel marquis de Fronteira. Bien qu'influencé par la Renaissance italienne, c'est l'un des plus beaux exemples d'architecture aristocratique portugaise. Il se distingue par la qualité exceptionnelle et la diversité de styles de ses panneaux d'**azulejos**★★★ du 17e s. À l'intérieur du palais, ceux de la **salle des Batailles** évoquent en détail les grands épisodes de la guerre de Restauration où s'illustra le premier marquis de Fronteira ; la salle à manger est ornée de carreaux de Delft (17e s.), les premiers à avoir été importés.

Terrasses et jardins forment un labyrinthe enchanté. Pas un pan de mur, pas un banc, pas un bassin qui ne soit couvert de ces petits carreaux de faïence vernie, jusque dans les grottes profondes incrustées de coquillages et de porcelaines de Chine. Ces azulejos dessinent des tableaux rustiques avec la représentation des saisons et des travaux des champs, ou des scènes grandioses et solennelles comme les douze cavaliers de la **galerie des Rois** *(sur la terrasse en surplomb)* se reflétant dans les eaux du bassin. Astres, divinités naïves ou figures du zodiaque sont aussi représentés, ainsi qu'un surprenant bestiaire plein d'humour où des singes enseignent la musique à des chats empotés.

Besides the Obvious/Getty Images Plus

Jardin et azulejos du Palácio dos Marqueses de Fronteira.

Parque Florestal de Monsanto ★

A1-5 *711, 724, 729, 770 - 218 170 200 - accès libre.*
Poumon de Lisbonne (900 ha), le parc possède un centre d'information décrivant les parcours récréatifs et les activités ludiques proposés. À l'occasion de la nomination de la ville comme « Capitale verte de l'Europe » en 2020, une randonnée de 14 km à la découverte de la faune et de la flore du parc a été balisée, agrémentée de **vues★** panoramiques sur la ville.

Jardim Zoológico

B1 *Estrada de Benfica, 158 - 217 232 900 - www.zoo.pt - 10h-18h45; 21 sept.-20 mars : 10h-17h15 - 27,50 € (3-12 ans 17 €).*
Situé sur les 26 ha du parc das Laranjeiras, il accueille 2500 animaux, dont de nombreuses espèces exotiques. Spectacles.

Museu da Música ★

M *Alto dos Moinhos - 217 710 990 - www.museunacionaldamusica.gov.pt - lun.-sam. 10h-18h - 3 €.*
Dans la station de métro se cache une importante collection d'instruments et de publications sur la musique du 16e au 20e s.

Le Grand Lisbonne

Les multiples attraits de Lisbonne ne doivent pas faire oublier les atouts des quartiers périphériques. En premier lieu l'incontournable « Versailles lusitanien », le palais national de Queluz, au charme très 18e s. À Almada, les restaurants de fruits de mer attirent tout autant les foules que le « Christ Rédempteur », célèbre réplique de celui de Rio de Janeiro.

▶**Accès : Queluz** : trains ttes les 20mn au dép. des gares du Rossio, d'Oriente ; de Sete Rios ou d'Entrecampos (ligne de Sintra ; descendre à la station Queluz-Belas puis 15mn à pied ou bus n° 25). **Almada** : BUS 753 depuis Marquês de Pombal. **Cacilhas** : ferry depuis les stations fluviales de Cais do Sodré ou Terreiro do Paço.

Plan des environs de Lisbonne ci-contre.

▶**Conseils :** En saison, ne manquez pas les spectacles équestres qui se déroulent dans les jardins du palais national de Queluz. Profitez des billets combinés si vous comptez visiter aussi Sintra, ou achetez une Lisboa Card.

Palácio Nacional de Queluz ★★

5 km au nord-ouest de Lisbonne - ☏ 219 237 300 - www.parquesdesintra.pt - 9h-17h30, jardins jusqu'à 18h (horaires soumis à variations saisonnières) - 10 € (6-17 ans 8,50 €) ; jardins seuls : 5 € (6-17 ans 3,50 €).

Le palais national de Queluz plonge le visiteur au cœur du 18e s. Dans ses jardins à la française ornés de bassins et de statues, sur lesquels donnent des façades rococo aux couleurs pastel percées de nombreuses ouvertures, on s'attendrait à assister à l'une de ces fêtes galantes peintes par Watteau. Bien qu'inspiré par le château de Versailles, ses proportions le rendent intime. Ses salons décorés de meubles et objets rappellent que le palais national est aussi un musée des Arts décoratifs.

Salle du Trône★ – Somptueuse, elle évoque la galerie des Glaces de Versailles avec ses fausses portes garnies de miroirs ; des cariatides supportent le plafond à calotte représentant des allégories, d'où pendent de magnifiques lustres en cristal de Venise. Admirez aussi les plafonds de la salle de musique et des chambres des princesses. La salle des Azulejos doit son nom aux magnifiques azulejos polychromes du 18e s. évoquant des paysages de Chine et du Brésil.

Salle des Ambassadeurs – Décorée de marbre et de glaces, elle possède un plafond peint où figurent un concert de musique à la cour du roi Joseph et divers motifs mythologiques. Après avoir traversé la salle des Goûters, garnie de bois doré et de tableaux du 18e s. évoquant des pique-niques royaux, on pénètre dans la **salle de Don Quichotte**, où huit colonnes

soutiennent un plafond circulaire ; des peintures illustrent des scènes de la vie du héros de Cervantès. Le boudoir de la Reine affiche un style rocaille français.

Jardins – Conçus par Robillon dans le style de Le Nôtre, ils sont égayés de buis taillés, de cyprès, de statues et de massifs de fleurs qui s'ordonnent autour de pièces d'eau. Du bassin des Néréides, jolie vue sur le bassin de Neptune et la façade de cérémonie refaite par Robillon dans le style de Gabriel. Le parc à l'italienne en contrebas séduit par ses étangs, ses cascades, ses tonnelles de verdure et ses bougainvilliers. Le **Grand Canal** est bordé de murs recouverts d'azulejos du 18e s. représentant des ports fluviaux et maritimes. La famille royale se promenait en barque sur la rivière Jamor, souvent réduite à un filet d'eau.

Admirez la façade du pavillon Robillon, précédée du magnifique **escalier des Lions**★, et la colonnade qui le prolonge.
Au-delà du canal se découvrent de belles pièces d'eau, comme la fontaine de Neptune, une grande orangeraie, les vestiges d'un jeu de paume et un jardin botanique évoquant l'engouement autour de la culture de l'ananas, découvert en Europe au début du 16e s. Dans le parc vivent aussi une partie des chevaux de l'Escola Portuguesa de Arte Equestre, qui donne régulièrement des spectacles au Picadeiro Henrique Calado à Belém (*p. 47 et « Sortir » p. 113*).

M. Simoni/mauritius images/age fotostock

Palais national de Queluz.

Almada

3,5 km au sud de Lisbonne.
La commune d'Almada est fréquentée par les Lisboètes pour ses nombreux restaurants spécialisés dans les poissons et les fruits de mer.
Cristo Rei★★ – BUS *101 depuis le débarcadère de Cacilhas - ✆ 212 751 000 - www.cristorei.pt - accès par ascenseur, puis 74 marches - 9h-18h - 8 €.* La statue géante du Christ-Roi, réplique réduite du Christ Rédempteur de Rio de Janeiro, fut érigée en 1959 pour remercier Dieu d'avoir épargné le Portugal pendant la Seconde Guerre mondiale. Du piédestal qui, à 85 m du sol et à 113 m au-dessus du Tage, supporte la statue haute de 28 m, **panorama**★★ sur l'estuaire du Tage, Lisbonne et, vers le sud, la plaine jusqu'à Setúbal.
Cacilhas – Du débarcadère de Cacilhas, longez les quais sur la droite (Cais do Ginjal vers l'ouest, en aval du fleuve) sur 1 km jusqu'aux restaurants (*« Se restaurer » p. 97*).
Un peu plus loin au pied de la falaise, l'elevador panorâmico da Boca do Vento *(8h-0h - 1,50 €)* permet d'accéder au **Castelo de Almada** et à la **Casa da Cerca** *(mar.-dim. 10h-18h)*, une demeure du 18e s. qui accueille des expos d'art contemporain ; belle terrasse surplombant le Tage.
Dernier vaisseau de la marine à voile portugaise, la **frégate D. Fernando II e Glória**, construite à Goa (Indes portugaises) en 1845, mouille dans le port de Cacilhas *(visite 5 €)*.
De Cacilhas, les bus 3011 ou 3022 vous conduiront à la plage de Costa da Caparica (*p. 87*).

Escapade à Sintra★★★

De luxuriants jardins tropicaux, des palais de contes de fées, des manoirs cossus et des *quintas* élégantes dissimulées dans la forêt qui escalade les hauteurs : Sintra semble sortir du chapeau d'un magicien... L'ensemble de la montagne a été classé par l'Unesco au Patrimoine mondial de l'humanité : la richesse de son écosystème, sauvé de justesse d'un incendie en 2018, l'important magnétisme naturel du lieu (le massif recèle d'énormes masses de fer) et le brumeux voile de romantisme qui s'en dégage font de cette forêt un lieu exceptionnel. Maintes fois célébrée par les poètes, Sintra fut pendant six siècles la résidence préférée des souverains et des élites aristocratiques ou bourgeoises. Dans les salons de thé de la vieille ville, n'oubliez pas de goûter aux *queijadas*, de délicieuses tartelettes dont Sintra cultive la spécialité.

▶**Accès :** Des différentes gares de Lisbonne (Rossio, Oriente, Entrecampos, Sete Rios), train ttes les 30mn env. *(40-45mn de trajet - 4,60 € AR - Passe Navegante).*

Plan des environs de Lisbonne p. 81.

▶**Conseils :** À moins de visiter Sintra hors saison, attendez-vous à une très forte fréquentation, tout particulièrement les week-ends d'été. Évitez absolument de venir en voiture : sens interdits, difficultés de circulation, centre-ville réservé aux résidents et quasi-impossibilité de stationner. Le **bus 434** (arrêts à la gare et devant l'office de tourisme) dessert les hauteurs de la serra (Castelo dos Mouros et Parque da Pena) : utile pour vous épargner une rude ascension (*Circuito da Pena* - www.scotturb.com - 4,10 € AS, 7,60 € AR, 12,50 € en hop on, hop off à volonté pendant 24h). Le **bus 435** effectue une boucle au départ de la gare, via Quinta da Regaleira et Monserrate : *Circuito Villa Express 4 Palácios*, 5,50 € AR. Entrées des sites : réductions de 5 à 10 % en achetant un billet combinant la visite de 2 à 6 sites, incluant le palais de Queluz.

219 237 300 - www.parquesdesintra.pt - horaires sujets à variations saisonnières : se rens. Réductions : 6-17 ans et + 65 ans.

Palácio Nacional ★★

Praça da República - 800 m de la gare de Sintra - 9h30-18h - 10 € - jardins en entrée libre.

Le palais national doit sa structure hétéroclite aux différentes adjonctions faites au cours des temps. Le bâtiment central a été érigé par le roi Jean Ier (fin 14e s.) ; les ailes sont l'œuvre du roi Manuel Ier (début 16e s.). Outre les deux hautes cheminées coniques qui dominent le palais, les fenêtres géminées mauresques *(ajimeces)* et manuélines sont les éléments les plus marquants de l'extérieur.

L'intérieur se distingue par sa remarquable décoration d'**azulejos**★★ des 15e et 16e s. (salle des Arabes, chapelle et salle des Sirènes). Levez les yeux sur le **plafond**★★ de la salle des Armoiries, dont les caissons sont peints des blasons de 72 familles nobles portugaises du début du 16e s.

NewsMuseum

Rua Visconde de Monserrate, 26 - ☏ 210 126 600 - www.newsmuseum.pt - 10h-17h30 - 6,50 €.
Inauguré le 25 avril 2016, pour les 42 ans de la révolution des Œillets, ce musée consacré aux **médias**, au **journalisme** et à la **communication** de masse s'attache à décrypter les discours de propagande, analyser l'impact social de la diffusion média, rappeler à quel point la liberté de la presse est essentielle et fragile à la fois, et s'interroge sur le journalisme du futur. Archives vidéo, sonores ou écrites évoquent les grands moments de l'histoire du Portugal et du monde vus à travers le prisme de leur couverture médiatique, avec une place particulière pour le reportage en zones de conflit et pour le journalisme sportif, ainsi que les sujets d'actualité récente (pandémie, guerre en Ukraine).

DaLiu/Getty Images Plus

Sintra, Palais national da Pena, classé au Patrimoine mondial de l'Unesco.

Castelo dos Mouros ★

(Château des Maures)

Estrada da Pena - ☏ 219 237 300 - 9h-18h - 8 €.
Bus 434 ou 1,4 km et 250 m de dénivelé (env. 45mn de marche).
Édifié sur une butte rocheuse (alt. 466 m) au 8e ou 9e s., le château ne comporte plus qu'une enceinte crénelée épousant les escarpements du sommet et jalonnée par quatre tours carrées, ainsi que les ruines d'une chapelle romane.
De la tour royale, on profite d'une **vue**★★ exceptionnelle sur Sintra, la côte Atlantique et le palais da Pena.

Palácio Nacional da Pena ★★

Estrada da Pena - ☏ 219 237 300 - 9h30-18h - 14 € parc et terrasses inclus.
Bus 434 ou 2,6 km à pied et 380 m de dénivelé (env. 1h de marche, ou 20mn depuis le Castelo dos Mouros).
Perchée à 500 m d'alt. sur l'un des sommets de la *serra*, cette fantaisie romantique fut construite au milieu du 19e s. par le roi Ferdinand II sur le site

d'un ancien couvent de hiéronymites datant du 16e s. L'extravagance du palais évoque certains châteaux de Louis II de Bavière, bien qu'il les ait précédés de trente ans. Différents styles revivalistes s'y mélangent : néogothique, néomanuélin, néo-Renaissance, néobaroque, auxquels s'ajoute une touche d'exotisme maure. Les couleurs vives des murs accentuent son originalité.

Parque da Pena ★★

Estrada da Pena - 9h-18h - 7,50 € ou billet du Palácio Nacional da Pena.
Entourant le Palácio Nacional da Pena, au sud de Sintra, ce parc enchanteur ceinturé d'un grand mur couvre une superficie de 200 ha sur les pentes granitiques de la serra de Sintra. Planté d'essences rares, tant nordiques que tropicales, il est agrémenté d'un grand nombre de pièces d'eau et de fontaines.
Un chemin pavé permet d'accéder à la **Cruz Alta**★★ (alt. 528 m), point culminant de la serra. Ce sommet, surmonté d'une croix, offre un immense **panorama** sur l'ensemble du massif (excepté Sintra) et la plaine environnante, jusqu'à Lisbonne au sud *(derrière le palais da Pena)*.
En lisière du parc, au sud-ouest, le **chalet de la comtesse d'Edla** *(même billet)* est une pittoresque construction en bois à encadrements de liège élevée dans les années 1860. Élise Hensler (1836-1929), cantatrice devenue comtesse d'Edla et seconde épouse de Ferdinand II, y profitait de la quiétude des lieux et des jardins plantés de camélias et de rhododendrons.

Quinta da Regaleira ★★

Rua Barbosa du Bocage (N375), à 800 m à l'ouest du centre-ville - ✆ 219 106 650 - www.regaleira.pt - 10h-17h30 - 11 €.
Bus 435 ou 1 km à pied et 20 à 50 m de dénivelé (env. 25mn de marche).
Sur le site d'une ancienne *quinta* de la fin du 17e s., **Carvalho Monteiro** (1848-1920), riche homme d'affaires, adepte d'ésotérisme et de franc-maçonnerie, fit édifier au début du 20e s. cet ensemble fascinant de constructions dans un mélange de styles, notamment néogothique, néo-Renaissance et néomanuélin. Enchâssé dans la serra de Sintra, le domaine offre sur 4 ha un parcours ésotérique initiatique et un symbolisme complexe lié aux Templiers, à l'alchimie, au christianisme, à la mythologie portugaise et gréco-romaine, etc.

Parque e Palácio de Monserrate ★

Estrada de Monserrate (N375), à 2,7 km à l'ouest de la quinta da Regaleira (bus 435) – ✆ 219 237 300 - jardins 9h-18h ; palais 9h30-18h - 8 €.
Le vaste **parc**★ à l'anglaise, planté d'essences variées, entoure un palais néo-oriental élevé au 19e s. par un riche Anglais. L'escalier et le corridor central aboutissant à la salle de musique ont retrouvé leur fascinant décor stuqué. Les cuisines, sous la rotonde, forment un contraste étonnant par leur relative modernité.

Les plages

La côte à l'ouest de Lisbonne a reçu le surnom de « côte des deux printemps », la douceur de son climat permettant aux plantes d'y fleurir deux fois par an. En 1870, la famille royale fit du village de pêcheurs de Cascais son lieu de séjour estival, bientôt suivie par la haute aristocratie portugaise et britannique. Apprécié pour ses eaux thermales, Estoril était, dans les années 1930, le rendez-vous des millionnaires et des rois en exil. Ces deux stations balnéaires, ainsi que les autres plages de la Riviera lisboète, offrent une escapade dépaysante, qui s'achève à l'extrémité du continent européen. L'ambiance est beaucoup plus populaire de l'autre côté de l'estuaire, où l'interminable plage de sable fin de Costa da Caparica attire surfeurs et baigneurs.

▶**Accès :** De la gare de Cais do Sodré, à Lisbonne, départ ttes les 10 à 20mn de 5h30 à 1h30 pour Oeiras, Carcavelos, Estoril et Cascais *(30 à 40mn de trajet - 2,30 €)*. Pour rallier Praia do Guincho, louer un vélo à Cascais. Pour Costa da Caparica, prendre le bus 153 ou traverser l'estuaire jusqu'à Cacilhas *(p. 82)*, puis prendre le bus nº 3011 ou 3022.

Plan des environs de Lisbonne p. 81.

▶**Conseil :** En été, évitez de vous rendre sur la côte le week-end si vous craignez la foule.

Praia da Torre

La plage proche d'**Oeiras**, dominée par la grande forteresse São Julião da Torre, est heureusement située à l'écart du bruyant axe rapide qui longe le littoral. Très fréquentée, elle possède une piscine d'eau de mer et offre de nombreuses possibilités en termes de sports nautiques.

Praia de Carcavelos

Voici la plus grande, sinon la plus belle plage de l'Ouest lisboète. Il y a foule à Carcavelos le week-end, ainsi que le jeudi matin, jour de la Feira do Levante, grand marché aux fripes en plein air.

Estoril ★

Plaque tournante de l'espionnage et de la diplomatie secrète pendant la Seconde Guerre mondiale, la ville a conservé l'atmosphère cosmopolite et sophistiquée de cette époque. Le site est agréable avec ses plages de sable fin et la vue sur la baie de Cascais, son parc aux essences exotiques, ses avenues bordées de palmiers et ses somptueuses villas rivalisant d'opulence dans les hauteurs de Monte Estoril. Des distractions (un golf, un casino mythique), des compétitions sportives (régates, concours hippiques, tournoi international de tennis) et des festivités (Fêtes de la mer en juillet) attirent une clientèle internationale.

Cascais ★

Bien que très chic avec son front de mer hérissé d'hôtels de luxe, la localité conserve un certain cachet. Son petit centre piétonnier est plein de charme. Après la baignade à la petite praia da Rainha, visitez la **cidadela de Cascais**. Superbement réhabilité et agrémenté de sculptures contemporaines, l'ensemble abrite notamment, autour de l'ancienne place d'armes, un hôtel et un restaurant de luxe, une chapelle, des résidences d'artistes et une galerie d'art, ainsi que le palais royal, ou **palácio da Cidadela**, résidence d'été des rois après 1870 puis des présidents de la République. Un passage donne accès au **fort de Nossa Senhora da Luz** *(fermé au public)* surplombant le port de plaisance. Son origine remonte à la fin du 15e s.

Non loin de là, le **palácio Condes de Castro Guimarães** *(✆ 214 815 303 - mar.-dim. 10h-18h - 4 €)* est un palais fantasque (19e s.) abritant des œuvres d'art variées.

En traversant le parc Carmona, les amateurs d'art contemporain visiteront la très avant-gardiste **Casa das Histórias Paula Rego** *(Av. da República, 300 - ✆ 214 826 970 - casadashistoriaspaularego.com - mar.-dim. 10h-17h40 - 5 €)*. Elle présente des œuvres de Paula Rego (1935-2022), artiste importante influencée en particulier par Dubuffet.

Boca do Inferno ★

Une concentration de boutiques touristiques et un restaurant chic signalent l'emplacement de ce gouffre mugissant.

Praia do Guincho ★

De grandes dunes et un fortin bordent cette immense plage, la plus belle et la plus sauvage de la Riviera. Le long du littoral souvent venteux, très fréquenté par les surfeurs, s'alignent de luxueux restaurants de poissons.

Cabo da Roca ★

Voici la pointe la plus occidentale du continent européen, là « où la terre finit et la mer commence » (Camões). La serra de Sintra s'interrompt brusquement ici par une falaise abrupte de près de 140 m.

Costa da Caparica

Du côté sud de l'estuaire, cette station balnéaire moderne et sans charme particulier attire l'été nombre de Lisboètes, qui viennent profiter d'un cordon de sable fin s'étirant sur une dizaine de kilomètres. Les plages bordées de dunes deviennent de plus en plus sauvages en s'éloignant vers le sud. Toutes ou presque possèdent leur restaurant et leur loueur de matériel de surf.

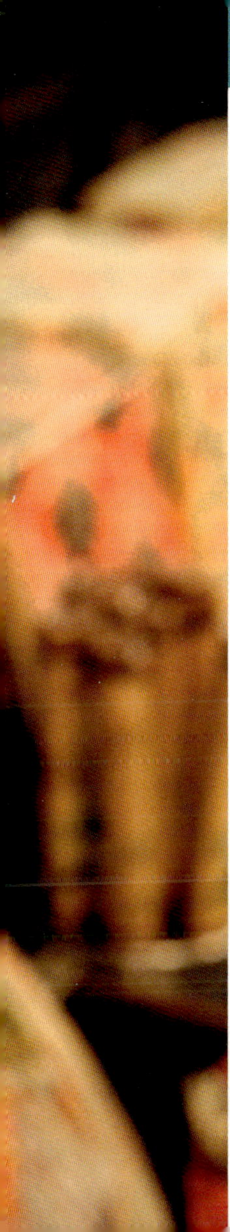

NOS ADRESSES

La boutique A Vida Portuguesa.
Pedro Sadio/A Vida Portuguesa

Se restaurer

Dans les *restaurantes* servant une cuisine portugaise traditionnelle, il est courant de manger au **comptoir**, que ce soit dans les *tasquinhas* (gargotes) de quartier ou dans certains restaurants plus haut de gamme. Les **pâtisseries** *(pastelarias)* font souvent office de salon de thé, permettant de se rassasier avec des collations consistantes (beignets de morue, feuilletés, etc., voire plat du jour au déjeuner). Certains **cafés** proposent aussi des formules rapides, simples, traditionnelles et roboratives, d'un excellent rapport qualité/prix. Héritage colonial, nombreux sont les restaurants de cuisine brésilienne, cap-verdienne, goanaise, chinoise de Macao, etc. Le soir et en fin de semaine, il est conseillé de réserver. Les établissements les plus simples n'acceptent pas les cartes bancaires.

Voir aussi « Prendre un verre » p. 98, « Restauration » p. 125 et « La gastronomie » p. 154.

Repérez les adresses sur nos plans grâce aux pastilles numérotées (ex. 1). Les coordonnées en rouge (ex. C2) font référence au plan détachable (à l'intérieur de la couverture).

La Baixa et le Rossio

Plan de quartier p. 18

Moins de 20 €

31 **Cerqueira** – **E5** - *Calçada de Santana, 49 - M Martim Moniz - ☏ 218 871 369 - (cartes bancaires refusées) - 12h-15h, 18h-23h - plats env. 10/15 €.* Une adresse familiale et conviviale loin des quartiers touristiques. Optez sans hésiter pour l'un des plats du jour, toujours servis copieusement.

24 **Tentações de Goa** – **F6** - *R. de São Pedro Mártir, 23 - M Rossio - ☏ 218 875 824 - (cartes bancaires refusées) - 12h-16h, 19h-22h sf dim., lun. midi et j. fériés - plats 10/15 €.* Petit restaurant intime et coloré pour déguster des spécialités de l'Inde et de Goa, à commencer par un vaste choix de *carril* (curry de crabe, de crevettes, etc.). Accueil souriant et prévenant.

De 20 à 30 €

21 **Casa do Alentejo** – **E5** - *R. das Portas de Santo Antão, 58 - M Restauradores - ☏ 213 405 140 - casadoalentejo.pt - tlj sf lun. 12h-16h, 19h-23h - plats 15/19 €.* Dans cet ancien palais tapissé d'azulejos, une nourriture alentejane quelque peu affadie mais un cadre unique. Et le dimanche après-midi *(15h-19h de mi-sept. à mi-juin)*, bal avec orchestre !

De 40 à 60 €

❤ 22 **Gambrinus** – **E6** - *R. das Portas de Santo Antão, 23-25 - M Restauradores - ☏ 213 421 466 - www.gambrinuslisboa.com - 12h-0h, vend.-sam. 12h-1h - plats 28/42 €.* Dans un décor de bois sombre et de cuir brun années 1960, l'un des meilleurs restaurants de poissons de la ville, fondé en 1936.

Le Chiado et Santa Catarina

Plan de quartier p. 29

Moins de 20 €

36 **Organi Chiado** – **E6** - *Calçada Nova de São Francisco, 2 - M Baixa-Chiado - 216 065 121 - organi.pt - 12h-15h30, 19h-22h30 - plats env. 10/15 €*. Une adresse toute de vert revêtue, des nappes à la déco. Tout y est fait maison avec des produits frais, pour des assiettes végétariennes bien conçues. Le plat du chef change tous les jours selon les arrivages du marché. Vins bio et crus choisis, mais assez chers.

29 **Oficina do Duque** – **E6** - *Calçada do Duque, 43 - M Baixa-Chiado - 210 996 354 - www.oficinadoduque.pt - 12h-22h30 - plats 10/15 €*. Petit restaurant jouant volontiers la carte du sucré-salé et des alliances inédites : couscous de légumes et glace à la menthe ; salade laitue, fromage et fraises... Il étend sa terrasse à la belle saison sur les marches de la calçada. Bon accueil et ambiance conviviale.

❤ 9 **Ao 26** – **E6** - *R. Horta Seca, 5 - M Baixa-Chiado - 967 989 184 - - 12h30-23h - plats 12/16 €*. Un agréable restaurant vegan servant de belles salades de quinoa et des « burgers » de riz noir aux feuilles d'épinard. Des desserts gourmands et une carte créative, servie par une équipe jeune.

De 20 à 30 €

23 **Café Buenos Aires** – **E6** - *Calçada do Duque, 31B - M Rossio - 213 420 739 - www.cafebuenosaires.pt - - tlj sf dim. 18h-1h - fermé janv. - plats 15/21 €*. Chaleureux restaurant de spécialités argentines, à commencer par les viandes grillées et les ceviches de poisson. Atmosphère un brin bohème et petite terrasse avec vue sur la ville.

De 30 à 40 €

1 **Palácio Chiado** – **E6** - *R. do Alecrim, 70 - M Baixa-Chiado - 210 101 184 - palaciochiado.pt - 12h30-15h, 19h-0h (jeu.-sam. 2h) - plats 24/39 €*. Dans le cadre fastueux d'un palais néoclassique (18e s.), avec moulures, vitraux, fresques et majestueux escaliers. Belle carte : cuisine traditionnelle portugaise, *healthy & veggie*, poissons et fruits de mer, tapas, viandes portugaises... Restaurant à l'étage, bar au rdc.

De 40 à 80 €

❤ 4 **Bairro do Avillez** – **E6** - *R. Nova da Trindade, 18 - M Baixa-Chiado - 210 998 320 - www.bairrodoavillez.pt - 12h30-15h, 19h-0h (páteo) ; 12h-0h (taberna) ; 19h-0h, w.-end. 12h30-15h, 19h-0h (pizzeria) - plats 27/58 € (páteo) ; plats 8/18 € (taberna) ; pizza 13/18 € (pizzeria)*. Dans ce vaste espace au décor soigné, le très tendance et talentueux chef José Avillez propose différents concepts gastronomiques : cuisine raffinée de crustacés et de poissons au *páteo*, et tapas d'exception à la *taberna*, plus accessible, sans oublier d'excellentes pizzas. Un rendez-vous à ne pas manquer.

De 80 à 100 €

20 **Alma** – **E6** - *R. Anchieta, 15 - M Baixa-Chiado - 213 470 650 - www.almalisboa.pt - tlj sf lun. 12h30-15h30, 19h-23h - plats 50/60 € - réserv. obligatoire*. Sans doute la meilleure table de Lisbonne,

doublement étoilée au guide Michelin 2023, servie par le chef Henrique Sá Pessoa. Deux menus dégustation (180 € sans le vin), dont l'un sur le thème de la mer, vous y feront découvrir une cuisine de haute volée. La présentation des plats, raffinée, n'est pas en reste.

Le Bairro Alto

Plan de quartier **p. 29**

De 20 à 30 €

❤ 41 **The Decadente** – **E6** - *R. de São Pedro de Alcântara, 81 - Ⓜ Restauradores puis ascensor da Glória - ✆ 911 183 459 - www.thedecadente.pt - 13h-0h - plats 8/15 € - réserv. conseillée.* Le restaurant d'une auberge de jeunesse dynamique. Plats d'inspiration portugaise bien préparés, à prix raisonnables, servis dans une salle joliment décorée ou dans la courette à l'arrière.

❤ 32 **A Cevicheria** – **D5** - *R. Dom Pedro V, 129 - Ⓜ Baixa-Chiado - www.acevicheria.pt - ✆ 218 038 815 - 12h-23h30 - plats 19/35 € - menu dégustation 67 €.* Une cuisine saine, originale et subtile plébiscitée par la faune branchée de Príncipe Real. Il faudra arriver tôt pour avoir la chance de découvrir, sous le poulpe géant accroché au plafond, les saveurs inédites du chef Kiko !

De 30 à 45 €

64 **Tapisco** – **E5** - *R. Dom Pedro V, 81 - Ⓜ Restauradores puis ascensor da Glória - ✆ 213 420 681 - www.tapisco.pt - 12h-16h, 19h-0h, w.-end et j. fériés 12h-0h - plats 21/35 €.* Une belle adresse dans le vent, à l'image du quartier de Príncipe Real. Le chef propose une cuisine fusion luso-espagnole orientée poissons et fruits de mer. On s'attable dans une salle tout en longueur, ou en solo au comptoir pour grignoter ces délicieux *tapas* et *petiscos*.

Le Rato et les Amoreiras

Plan de quartier **p. 34**

De 20 à 30 €

28 **Real Fábrica** – **D5** - *R. da Escola Politécnica, 275 - Ⓜ Rato - ✆ 213 870 456 - lun.-sam. 12h-22h30 - plats 12/23 €.* Cette *cervejaria* (brasserie) *marisqueria* est installée dans une ancienne fabrique de soie bien mise en valeur (murs de brique, verre et acier). L'adresse partage sa carte équitablement entre fruits de mer, poissons et viandes. Une référence dans le quartier.

10 **Dalí Cozinha Surreal** – **C5** - *Rua de Infantaria 16, 43 - Campo de Ourique - Tram 25E - ✆ 966 259 945 - www.dalicozinha.com - horaires variables, se rens. - plats 18/22 €.* Ambiance et déco rock des années 1980 pour cette adresse originale, où l'on reçoit un accueil chaleureux. Petits plats simples et savoureux piochés dans les cuisines du monde. L'enfilade de gambas suspendues remporte tous les suffrages. Bières artisanales.

44 **Casa dos Passarinhos** – **C5** - *R. Silva Carvalho, 195 - Ⓜ Rato - ✆ 213 882 346 - 12h-15h, 19h-22h30 - fermé dim. et août - plats env. 15/25 €.* Excellente *cantina* de quartier. Entre autres spécialités, une belle *massada de tamboril com gambas* (soupe de pâtes et lotte aux crevettes).

Francisco Nogueira/Palácio Chiado

Le restaurant du Palácio Chiado.

Estrela, Madragoa et Lapa

Plan de quartier p. 34

Moins de 20 €

7 **O Tachadas** – **D7** - *R. da Esperança, 178 - Santos - 213 976 689 - tlj sf lun. 12h-15h, 19h-22h - plats 7/15 €.* Entre le musée de la Marionnette et l'ambassade de France, un excellent petit bistrot soucieux de satisfaire une clientèle de quartier et fidèle à sa cuisine traditionnelle : fromage de la serra da Estrela, grillades de *porco preto*... Sans chichis et savoureux.

De 20 à 30 €

2 **Forno d'Oro** – **D4** - *R. Artilharia 1, 16B - M Marquês de Pombal - 213 879 944 - www.fornodoro.pt - lun. 18h-22h30, merc.-vend. 12h-15h, 19h-22h30, w.-end 12h15-15h15, 19h-22h30 - plats 10,50/21 € - pizza 11,50/21 €.* La pizzeria est très fière de son four à bois doré, qui scintille à l'entrée. Elle peut surtout s'enorgueillir de préparer, dans la meilleure tradition napolitaine, les pizzas réputées les plus savoureuses de la capitale. Belle sélection de bières artisanales.

❤ 47 **Pão de Canela** – **D6** - *Praça das Flores, 25-29 - M Rato - 213 972 220 - www.paodecanela.pt - 8h-23h - plats 14/19 €.* Restaurant-salon de thé avec terrasse donnant sur une charmante placette arborée. Cuisine portugaise et petite restauration à toute heure : feuilletés, quiches, fruits... Brunch à 22 € le w.-end à partir de 11h.

❤ 43 **Mercado de Campo de Ourique** – **C5** - *R. Coelho da Rocha - Tram 25E, 28E - 211 323 701 - 10h-23h (1h le sam.).* Un marché de 1934 qui mêle étals traditionnels et stands de restauration : un concept identique à celui du Mercado da Ribeira *(Cais do Sodré)*, mais à une échelle réduite, dans un quartier résidentiel à l'écart des circuits touristiques : l'ambiance n'en est que plus authentique !

Plus de 150 €

3 **Loco** – **C6** - *R. Navegantes, 53B - Tram 28E - 213 951 861 - www.loco.pt - mar.-sam. 19h-23h - fermé 1re quinz. de juin et de nov. - réserv. indispensable.* Depuis sa cuisine ouverte sur une salle très design, Alexandre Silva, l'un des meilleurs chefs du pays, orchestre un festival de saveurs étonnantes où dominent les ingrédients exotiques et bio. Deux menus de dégustation (16 temps, 150 €, 235 € avec accords mets-vins) pour une expérience gustative inoubliable. Une étoile au guide Michelin 2023.

Plan détachable

Cais do Sodré et Alcântara

Plans de quartier p. 29 et p. 34

Moins de 20 €

18 **Água de Beber** – **D6** - *R. Poiais de São Bento, 73 - M Cais do Sodré - 911 581 413 - aguadebeberlx.pt - tlj sf merc. 18h-1h - plats 10/13 €.* Avec son nom évoquant un grand standard de bossa nova, ce petit restau dédié au monde de la mer propose toutes sortes de spécialités brésiliennes. Sympa, accueillant et d'un excellent rapport qualité-prix. De bons musiciens viennent s'y produire en fin de semaine (samba, bossa nova, jazz, rock).

33 **Galão** – **A7** - *R. 1º de Maio, 2 - Tram 15E, 18E - 213 633 351 - mar.-dim. 7h-23h (18h le dim.) - plats 9/14 €.* À la sortie du musée B-MAD et à deux pas de la LX Factory, une *pastelaria* plébiscitée pour ses copieux plats du jour. Grande salle lumineuse et aérée, bon choix de viandes et de poissons, cuisine familiale, simple et bonne. Salon de thé l'après-midi.

De 20 à 30 €

48 **Mercado da Ribeira** – **E7** - *Av. 24 de Julho - M Cais do Sodré - 210 607 403 - www.timeoutmarket.com - 10h-0h.* Réhabilitée en 2014 par le magazine *Time Out*, la halle du 19e s. accueille des stands de cuisine portugaise et internationale, que l'on déguste autour de grandes tables communes. Beaucoup de brouhaha et de touristes, mais l'occasion de goûter les plats de chefs à la mode comme Henrique Sá Pessoa ou Marlene Vieira. Vous y trouverez également les grandes enseignes portugaises de spécialités culinaires, pâtisseries, conserveries, fromages, charcuterie, confiserie, ainsi qu'une jolie boutique d'artisanat local et une école de cuisine.

De 30 à 50 €

27 **Pap'Açorda** – **E7** - *Mercado da Ribeira, 49 - M Cais do Sodré - 213 464 811 - www.papacorda.com - ♿ - tlj sf lun. 12h-0h, vend.-sam. 12h-2h - plats 19/40 € - réserv. conseillée.*

Ce must de la gastronomie lisboète s'est installé à l'étage du marché de la Ribeira *(voir ci-avant)*. On y déguste la fameuse *açorda* (marmite) de fruits de mer qui a fait la réputation de la maison. Cuisine de saison orchestrée par la cheffe Manuela Brandão.

49 **1300 Taberna** – **A8** - *R. Rodrigues Faria, 103 - LX Factory - Tram 15E, 18E - ☎ 213 649 170 - www.1300taberna.com - mar.-sam. 12h30-15h30, 19h30-0h30 - plats 20/24 €.* L'un des plus anciens et l'un des meilleurs restaurants de la LX Factory. Cuisine inventive et originale à savourer dans une immense salle au décor mi-brocante, mi-industriel. Bon accueil.

6 **Ultimo Porto** – **C8** - *Estação Marítima da Rocha Conde d'Óbidos - R. Gen. Gomes Araújo, 1 - Tram 15E - ☎ 213 979 498 - tlj sf dim. 12h-16h - plats 14/40 € - réserv. conseillée.* Une terrasse tournée vers le Tage pour goûter une infinité de poissons à des prix défiant toute concurrence. Que des Portugais dans ce coin perdu : c'est bon signe !

Belém

Plan de quartier **p. 45**

Moins de 20 €

5 **Lisbon Café** – *Largo dos Jerónimos, 4A - Tram 15E - ☎ 963 113 043 - tlj sf lun. 10h30-18h - plats 8/10 €.* *Wraps*, salades et *tostas* (tartines garnies) : une adresse sans prétention mais bien pratique pour un en-cas rapide, bénéficiant d'un service plus détendu que dans les restaurants pour groupes de la rue principale. Petite terrasse.

De 20 à 30 €

16 **Taberna dos Ferreiros** – *Tv. Ferreiros a Belém, 5 - Tram 15E - ☎ 215 873 837 - tlj sf dim. soir et lun. 12h-15h, 19h-22h - plats 12,50/16 €.* Contre vents et marées, et surtout contre la pression d'un tourisme de masse à Belém, la « taverne des forgerons » s'obstine à cuisiner à l'ancienne, en choisissant des produits de qualité et en prenant son temps.

Plus de 100 €

17 **Feitoria** – *Altis Hotel Belém & Spa - Doca do Bom Sucesso, 10 - Tram 15E - ☎ 210 400 200 - www.restaurantefeitoria.com - mar.-sam. 19h-22h30 - menu 100/180 €.* Signée André Cruz, une cuisine inventive, subtile et d'une grande finesse, misant sur la qualité des produits. Une table récompensée par une étoile au guide Michelin 2023.

L'Alfama et la Mouraria

Plan de quartier **p. 52-53** **Pour la Mouraria, voir plan de quartier** **p. 61**

De 20 à 30 €

62 **Cantinho do Aziz** – **F6** - *R. de São Lourenço, 3-5 - Tram 28E - ☎ 218 876 472 - cantinhodoaziz.com - 12h-23h - plats 12/20 €.* Côté Mouraria de la colline, la cheffe Jeny mitonne une cuisine luso-mozambicaine pleine d'idées originales, à base de chevreau, gambas, crabe et riz-coco. La terrasse, de guingois dans la ruelle, à mi-pente de la colline, vous plongera dans l'ambiance populaire du quartier. Réserv. conseillée en fin de semaine.

34 **Le Petit Café** – **F6** - *Largo de São Martinho, 6-7 - Tram 28E - ☎ 218 881*

304 - lepetitcaferesto.wixsite.com/lepetitcafe - ⊄ - 12h-23h - plats 12/21 €. Petite terrasse très prisée, doublée d'une belle salle. Carte internationale, visant à séduire la clientèle touristique sur le parcours du tram 28.

De 30 à 50 €

52 **Ramiro** – F5 - *Av. Almirante Reis, 1 - M Intendente ou Martim Moniz - ✆ 218 851 024 - www.cervejariaramiro.pt - 12h-0h - fermé lun. et août - plats 14/40 €.* Au pied de la colline de Graça, une institution lisboète depuis 1956, pour les amateurs de fruits de mer. Bon rapport qualité/prix.

Graça et Santa Apolónia

Plan de quartier **p. 61**

De 20 à 40 €

38 **Santa Clara dos Cogumelos** – G5 - *Campo de Santa Clara, 7 - M Santa Apolónia - ✆ 218 870 661 - www.santaclaradoscogumelos.com - 19h30-22h30, sam. 12h30-15h30, 19h-22h30 - fermé lun. - plats 14/30 €.* Venez y déjeuner un samedi, jour où le marché aux puces (Feira da Ladra) investit la place. Avant ou après votre flânerie-brocante, vous dégusterez de savoureux plats du jour, à base de champignons *(cogumelos)* bien sûr !

Marvila

Plan de quartier **p. 65**

De 20 à 30 €

❤ 25 **Aquele Lugar que Não Existe** – *R. do Açúcar, 89 - Braço de Prata - ✆ 960 016 208 - ⊄ - lun. 16h-0h, mar.-dim. 12h30 (13h le merc.)-16h, 19h-0h - menu déj. 16,50 € en sem., brunch 22 € le w.-end.* Retenez bien l'adresse car il n'y a pas d'enseigne à cet entrepôt à la décoration inclassable et à la carte inventive : des pizzas exotiques aux recettes indiennes à composer soi-même, « ce lieu qui n'existe pas » (c'est le nom du restaurant) est décidément bien dans l'esprit du quartier. Annexe en face, au n° 76, avec terrasse sur le toit.

De 30 à 50 €

26 **A Casa do Bacalhau** – H3 - *R. do Grilo, 54 - Braço de Prata - ✆ 912 404 437 - 12h-15h, 19h30-23h - plats 20/40 €.* Dans les écuries d'un ancien palais ducal, sous de belles voûtes de briques, la maison cuisine la morue sous toutes ses formes : 25 modes de préparations différents ! Grand choix de vins.

Parque das Nações

Plan de quartier **p. 69**

De 30 à 40 €

8 **Butchers** – *R. do Poló Sul, 15 C - M Oriente - ✆ 926 221 553 - 12h-14h30, 19h-22h15 - plats 12/23 €.* Un restaurant tout en transparence qui se cache à l'étage d'un immeuble situé juste derrière le casino. Comme son nom l'indique, la viande est ici la reine incontestée, et déclinée sous toutes ses formes, notamment maturée.

Avenida da Liberdade et Saldanha

Plan détachable

De 20 à 30 €

12 **Casa Nepalesa** – D2 - *Av. Elias Garcia, 172A - M Campo Pequeno -*

✆ 217 979 797 - www.casanepalesa.pt - 12h-15h, 19h-22h30, lun. 18h30-22h30 - fermé dim. - plats 12,50/19 €. Une excellente option pour déjeuner à la sortie du musée Gulbenkian, situé à 5mn à pied. Savoureuse cuisine népalaise, mariant viandes et poissons d'ici aux épices et condiments d'Asie. Cadre et présentation des assiettes soignés, accueil charmant.

Campo Pequeno et Campo Grande

Plan détachable

De 20 à 30 €

51 **O Funil** – **D2** - *Av. Elias Garcia, 82A - M Campo Pequeno - ✆ 210 968 912 - www.ofunil.pt - tlj sf dim. et j. fériés 12h-15h, 19h30-23h - plats 11/20 €.* Une élégante maison, servant notamment une délicieuse morue gratinée au four. Bonne carte des vins.

Almada

Hors plan

Pour vous rendre à Almada, prenez le bateau à Cais do Sodré pour Cacilhas ; à l'embarcadère, tournez tout de suite à droite et longez les quais jusqu'au bout (10mn de marche).

F. Charel/hemis.fr

Restaurant Ponto Final.

De 20 à 30 €

Ponto Final – *Cais do Ginjal, 72 - ✆ 212 760 743 - ⊠ - 12h30-16h, 19h-23h - fermé mar. et 1re quinz. de janv. - plats 15/25 €.* Au bout des quais, vue sur le pont du 25-Avril et Lisbonne, de Bélem à l'Alfama. On déjeune directement sur la jetée, au bord du Tage. Surtout pour le cadre.

Prendre un verre

Lisbonne est généreuse en cafés et bistrots. Traditionnels ou branchés, intimistes ou dotés d'une ample terrasse, ils abondent dans chaque quartier, en particulier dans la **Baixa**, le **Rossio**, le **Chiado** et le **Bairro Alto**. Pour une pause sucrée ou salée, cherchez les *pastelarias*, qui tiennent à la fois du café, de la brasserie et du salon de thé, souvent dans un cadre rétro ou populaire. Les meilleures portent la mention *« fábrica própria »*, « fait maison ».

Repérez les adresses sur nos plans grâce aux pastilles numérotées (ex. 1). Les coordonnées en rouge (ex. E6) font référence au plan détachable (à l'intérieur de la couverture).

La Baixa et le Rossio

Plan de quartier p. 18

Café, salon de thé

35 **Confeitaria Nacional** – **E6** - *Praça da Figueira, 18B - Ⓜ Rossio - ✆ 213 424 470 - www.confeitarianacional.com - 8h30-19h30.* Temple de la gourmandise depuis 1829, cette adresse vaut le détour autant pour ses pâtisseries que pour son décor d'époque. Restaurant et snack au 1er étage.

Brasserie

1 **Café Nicola** – **E6** - *Praça Dom Pedro IV, 24-25 - Ⓜ Rossio - ✆ 213 460 579 - 9h30-22h, dim. 10h-20h.* Repaire du poète Bocage à la fin du 18e s. et refait en 1935, ce café Art déco, qui fut un des hauts lieux de Lisbonne, reste un classique. Très touristique mais immanquable pour *uma bica* (un espresso) en terrasse.

Bar

2 **Viniportugal** – **E7** - *Sala Ogival - Praça do Comércio - Ⓜ Terreiro do Paço - ✆ 213 569 890 - www.viniportugal.pt - tlj sf dim. 11h-19h.* Dans une salle ancienne voûtée, petite exposition et initiation à la dégustation des vins portugais.

3 **A Ginjinha** – **E6** - *Largo São Domingos, 8 - Ⓜ Rossio - 9h-22h, jeu. 9h-0h.* Pour goûter à la *ginjinha* (eau-de-vie de cerise), au comptoir ou sur le trottoir – même si cette pratique, autrefois très populaire, tient aujourd'hui davantage du folklore. C'est dans ce local historique que le fameux breuvage fut mis au point en 1840.

Le Chiado et Santa Catarina

Plan de quartier p. 29

Café, salon de thé

14 **Landeau Chocolate** – **E7** - *R. das Flores, 70 - Ⓜ Baixa-Chiado - ✆ 911 810 801 - www.landeau.pt - 12h-19h.* Une adresse connue pour son fameux gâteau au chocolat, fondant à souhait. Un délice ! Autres adresses à la LX Factory et au grand magasin El Corte Inglés.

T. & B. Morandi/hemis.fr

Dans le quartier de la Baixa.

Brasserie

9 A Brasileira – **E6** - *R. Garrett, 120* - Ⓜ *Baixa-Chiado* - *213 469 541* - *www.abrasileira.pt* - *8h-0h.* La statue en bronze de Fernando Pessoa trône sur cette terrasse incontournable, rappelant qu'il participa ici à des discussions littéraires. Un lieu mythique, toujours très animé.

Glacier

❤ **15 Gelados Santini** – **E6** - *R. do Carmo, 88* - Ⓜ *Baixa-Chiado* - *213 468 431* - *www.santini.pt* - *12h-23h.* L'un des meilleurs glaciers portugais, qui a pris ses quartiers dans le Chiado. Glaces et sorbets aux fruits de saison, faits à l'ancienne, sans colorant ni conservateur. Autres adresses dans le centre commercial des Amoreiras, à Belém (au pied du Museu dos Coches), Cascais et Carcavelos.

Bars

10 Noobai – **D6** - *Alto de Santa Catarina* - Tram *28E* - *213 465 014* - *www.noobaicafe.com* - *10h-0h.* Sur l'esplanade du belvédère (*p. 25*). Plusieurs niveaux de terrasses suspendues au-dessus de la ville, avec vue sur le Tage. Un must pour boire un verre au coucher du soleil.

12 O Purista - Barbière – **E6** - *R. Nova da Trindade, 16C* - Ⓜ *Baixa-Chiado* - *911 525 750* - *mar.-sam. 10h30-2h, dim. 15h-0h.* Excellent spot pour boire un verre sur fond de musique électro dans un appartement à la déco insolite et… se faire raser !

13 By the Wine – **E7** - *R. das Flores, 41-43 - M Baixa-Chiado - ✆ 213 420 319 - www.bythewine.pt - 19h-0h, w.-end 13h-0h.* Un bar à vins qui vaut le détour tant pour son décor que pour sa carte : sous un plafond couvert de plus de 3 000 bouteilles (vides !), on goûte à la sélection de la maison viticole Sandeman. Planches de fromage ou de charcuterie pour accompagner la dégustation.

Le Bairro Alto

Plan de quartier **p. 29**

Café, salon de thé

19 Patriarcal-Panificação Reunida de São Roque – **E5** - *R. Dom Pedro V, 57B - M Restauradores puis ascensor da Glória - ✆ 213 224 350 - www.panifsroque.pt - 7h-19h, w.-end et j. fériés 7h-20h.* Les carreaux aux motifs floraux stylisés des Années folles donnent un charme particulier à cette boulangerie-pâtisserie où s'attabler et boire un café.

Bars

26 Duque Brewpub – **E6** - *Calçada do Duque, 51 - M Restauradores - ✆ 927 106 092 - www.duquebrewpub.com - à partir de 16h - fermé lun.-mar.* Salle intimiste et tables en terrasse, entre deux volées de marches, pour découvrir les bières artisanales produites dans les micro-brasseries lisboètes – dont la Duque, fabriquée ici même.

❤ **27 Majong** – **E6** - *R. da Atalaia, 3 - Tram 28E - ✆ 968 510 762 - 18h-2h, vend.-sam. 18h-3h.* Cocktails et tapas (dont de fameux ceviches et guacamoles maison) dans l'un des plus vieux bars du quartier. Déco atypique et très réussie, avec de beaux effets de lumière, et une superbe collection de vinyles, dans une veine électro-minimaliste sobre.

16 Pavilhão Chinês – **DE5** - *R. Dom Pedro V, 89 - M Restauradores - ✆ 213 424 729 - 18h-2h, dim. 21h-2h.* Une ancienne épicerie transformée en bar, qui retient l'attention par son incroyable déco, une accumulation d'objets en tout genre. Un dédale de pièces et une carte de cocktails qui compte des dizaines de références. Billards.

17 The Insólito – **E6** - *R. de São Pedro de Alcântara, 83 - M Restauradores - ✆ 213 461 381 - www.theinsolito.pt - mar.-sam. 18h-0h (1h vend. et sam.).* Au sommet de l'hôtel The Independente, un toit-terrasse pour admirer la ville et le fleuve. Bons cocktails, avec ou sans alcool. Fait également restaurant.

18 The Old Pharmacy – **E6** - *R. do Diário de Notícias, 83 - ✆ 920 230 989 - 17h30-0h.* Dans le décor d'une ancienne pharmacie, choix renversant de crus à accompagner d'une planche de charcuterie. Bons conseils et bonne ambiance.

Le Rato et les Amoreiras

Plan de quartier **p. 34**

Glacier

21 Artisani Gelados – **C5** - *Av. Álvares Cabral, 65B - M Rato - ✆ 213 976 453 - www.artisanigelado.com - 12h-20h, vend.-sam. 12h-21h.* À deux pas du jardim da Estrela, de savoureuses glaces artisanales aux parfums variés : *nata*, cannelle, *gianduja*... Également au Mercado de Campo de Ourique, derrière le musée Gulbenkian *(R. Marquês Sá da Bandeira 112)*...

Estrela, Madragoa et Lapa

Plan de quartier p. 34

Café, salon de thé

11 La Boulangerie – **C7** - *R. do Olival, 42-46 - ✆ 213 951 208 - laboulangerie.pt - 7h30-21h.* Une boulangerie de *fabricação própria* réputée pour ses croissants, proposant formules de petit-déjeuner et restauration simple toute la journée (salades, pizzas, omelettes...). Agréable petite terrasse en surplomb de la place, service sympathique. Autre adresse au Campo de Ourique *(R. Francisco Metrass, 10B).*

22 Tease – **D6** - *R. Nova da Piedade, 15 - M Rato - ✆ 925 973 699 - www.tease.pt - 9h-19h, dim. 9h-20h.* Un salon de thé lumineux au décor vintage, à deux pas de la charmante praça das Flores. L'établissement est réputé pour ses cupcakes, mais laissez-vous tenter aussi par ses autres gâteaux, ses petits plats faits maison au déjeuner et ses cocktails.

Bar

28 Matiz Pombalina – **D7** - *R. das Trinas, 25 - Tram 25E - ✆ 214 043 703 - matiz-pombalina.pt - mar.-sam. 19h-2h.* Un intérieur feutré composé de trois petits salons intimistes aux fauteuils de velours bordeaux ou turquoise. Musique jazz douce, alcools et cocktails de qualité.

Cais do Sodré et Alcântara

Plans de quartier p. 29 et p. 34

Glacier

32 Gelato Davvero – **D7** - *Av. Dom Carlos I, 39 - Santos - ✆ 216 053 054- www.gelatodavvero.com - 12h-20h, jeu.-sam. 12h-0h, dim. 13h-20h.* Glacier romain (glaces servies à la spatule) proposant une vingtaine de parfums en moyenne, certains rares, d'autres de saison. Ses shots glacés font fureur, si bien que les points de vente se multiplient dans la capitale !

Bar

❤ **25 Pensão Amor** – **E7** - *R. do Alecrim, 19 - M Cais do Sodré - ✆ 213 143 399 - pensaoamor.pt - 19h-3h (4h jeu.-sam.).* Dans le décor extravagant d'une ancienne maison close, on sirote un cocktail maison, lové dans un fauteuil en velours. Gravures, tentures et éclairage tamisé rappellent l'histoire sulfureuse du lieu. Cher, mais incontournable !

Plan détachable

Café, salon de thé

23 Borogodó – **A7** - *R. Rodrigues Faria, 103 - LX Factory - Tram 15E, 18E - ✆ 213 621 426 - horaires variables.* Pour une pause à l'entrée de la LX Factory, en terrasse sous le pont du 25-Avril ou dans la salle cosy. Jus de fruits, smoothies et gâteaux maison.

Bars

❤ **5 Quimera Brewpub** – **B7** - *R. Prio do Crato, 6 - Tram 15E, 18E - ✆ 917 070 021 - www.quimerabrewpub.com - merc.-jeu.*

Pasteis de Nata.

17h-23h, vend.-sam. 17h-0h, dim. 17h-22h. Dans l'Alcântara, ce pub-brasserie artisanale a élu domicile dans un tunnel qui, au 18e s., débouchait dans les écuries du Palácio das Necessidades, le Palais royal de l'époque... Bière maison – la Chimère –, vin au verre, cocktails, bonne musique et bonne ambiance.

24 **Bar-restaurant du musée de l'Orient** – **B8** - *Av. de Brasília - Doca de Alcântara - Tram 15E - ✆ 213 585 228 - www.foriente.pt - ♿ - mar.-dim. 10h-18h ; rest. : 12h30-15h.* Au 5e et dernier étage du musée, une cafétéria avec vue sur les docks en terrasse.

Belém

Plan de quartier **p. 45**

Café, salon de thé

40 **Antiga Confeitaria de Belém** – *R. de Belém, 84-92 - Tram 15E - ✆ 213 637 423 - www.pasteisdebelem.pt - 8h-20h.* La plus célèbre fabrique de petits gâteaux de Belém : ici, les *pastéis de nata* sortent tout chauds des anciens fours. À emporter ou à déguster dans une des salles décorées d'azulejos, ils sont à l'origine d'un rituel du dimanche incontournable pour bon nombre de Lisboètes. Prévoir une longue file d'attente.

L'Alfama et la Mouraria

Plan de quartier **p. 52-53**

Bars

(7) **Tejo Bar** – **F6** - *Beco do Vigario, 1A - Tram 28E - ✆ 969 756 148 - 18h-1h, lun. 23h-1h.* Un petit bar convivial où le patron taquine la guitare. Fado certains soirs et expositions d'art. Si la porte est fermée... n'hésitez pas à frapper !

(6) **Chapitô** – **F6** - *R. Costa do Castelo, 7 - Tram 12E, 28E - ✆ 218 855 550 - chapito.org - 13h-1h.* À la fois école de cirque et association de lutte contre l'exclusion, ce lieu insolite avec vue sur le Tage compte un bar à tapas dans la cour. Ambiance festive.

Marvila

Plan de quartier **p. 65**

Café, salon de thé

❤ (8) **Café com Calma** – *R. Rua do Açúcar 10 - Braço de Prata - ✆ 218 680 398 - www.facebook.com/cafecomcalmamarvila - lun.-vend. 9h-16h.* Un joli coin aux tons pastel, avec vaisselle chinée et meubles de récup', pour un petit déjeuner (pâtisseries maison, laits végétaux) ou un repas léger et sain. La salle, agréable, donne envie de s'attarder.

Bar

(4) **Musa de Marvila** – *R. do Vale Formoso, 9 - Braço de Prata - ✆ 913 011 082 - cervejamusa.com - mar.-jeu. 17h-1h, vend. 17h-3h, sam. 13h-3h, dim. 13h-23h.* Sous les néons roses, rouges ou bleus, il flotte dans cette *taproom* (le bar de la brasserie voisine) jeune et dynamique un esprit rock *eighties* que l'on retrouve dans le nom des bières maison. Terrasse sur le toit, concerts (artistes nátionaux), *petiscos*.

Avenida da Liberdade et Saldanha

Plan de quartier **p. 34**

Café, salon de thé

(29) **Cinemateca Portuguesa** – **D5** - *R. Barata Salgueiro, 39 - M Avenida - ✆ 960 396 370 - www.cinemateca.pt - ♿ - lun.-jeu. 12h-1h, vend.-sam. 12h-2h.* Outre un petit musée, une programmation variée et une librairie, la Cinémathèque portugaise propose de grignoter quelques plats rapides sur une belle terrasse intérieure, à l'étage. Cocktails de 17h à 19h.

Plan détachable

Café, salon de thé

(30) **Versailles** – **E2** - *Av. da República, 15A - M Saldanha - ✆ 213 546 340 - www.grupoversailles.pt - 7h30-23h30.* Magnifique décor Belle Époque pour ce café-pâtisserie des années 1920. Derrière un long comptoir vitré s'aligne une farandole de tentations sucrées.

Shopping

Lisbonne recèle d'excellentes adresses où apprécier la richesse artisanale du Portugal (céramique, poterie, dentelle, tissage et tapis, artisanat du liège) mais aussi des boutiques de créateurs de mode et de designers réputés. Certaines d'entre elles, venues d'un autre temps, sont de vrais lieux chargés d'histoire. Les amoureux de boutiques anciennes trouveront leur liste complète sur *www.lojascomhistoria.pt.*

Repérez les adresses sur nos plans grâce aux pastilles numérotées (ex. 1). Les coordonnées en rouge (ex. C2) font référence au plan détachable (à l'intérieur de la couverture).

La Baixa

Plan de quartier **p. 18**

Gastronomie

1 **Manuel Tavares** – **E6** - *R. da Betesga, 1A-B - M Rossio - 213 424 209 - www.manueltavares.com - tlj sf dim. 9h30-19h30.* Près de la praça Dom Pedro IV, boutique spécialisée depuis 1860 en produits régionaux : *enchido, salpicão, morcelas* da Guarda et autres saucissons ou boudins. Grand choix de portos.

3 **Garrafeira Nacional** – **E6** - *R. da Santa Justa, 18 - M Baixa-Chiado - 218 879 080 - www.garrafeiranacional.com - lun.-vend. 9h30-19h30, sam. 9h-13h.* Choix incomparable de vins portugais et de portos vintage.

Mode

4 **A Outra Face da Lua** – **E6** - *R. da Assunção, 22 - M Baixa- Chiado - 218 863 430 - www.aoutrafacedalua.com - lun.-vend. 10h-18h, sam. 11h-19h.* Vêtements vintage, accessoires et sacs à main d'occasion, dans des tons pop et acidulés.

Santé et bien-être

38 **Ervanária Rosil** – **F6** - *R. da Madalena, 210 - M Terreiro do Paço - 218 865 215 - www.ervanariarosil.pt - lun.-vend. 9h-19h, sam. 9h-13h.* Une herboristerie à l'ancienne, où l'on trouve « un thé pour tout ». Roi de ces infusions médicinales, le *chá milagroso* (thé miracle) est l'un des succès de la boutique.

Musique

7 **Discoteca Amália** – **E6** - *R. Áurea, 272 - M Baixa-Chiado ou Rossio - 213 420 939 - lun.-vend. 9h30-13h, 15h-19h, sam. 9h30-13h.* Difficile de manquer cette boutique avec l'air de fado qui s'en échappe et le portrait d'Amália Rodrigues en vitrine. Ses œuvres complètes, en CD et DVD, voisinent avec celles d'autres fadistes réputés.

Le Chiado et Santa Catarina

Plan de quartier **p. 29**

Gastronomie

11 **Vegan Nata/A Carioca** – **E6** - *R. da Misericórdia, 9 - M Baixa-Chiado -*

℘ *213 420 377 - 9h-19h.* Thés et cafés en provenance des anciennes colonies et chocolat portugais dans cette échoppe de 1936. Une boutique « sans plastique » (les tasses à café sont en biscuit) qui fabrique et vend désormais des *pastéis de nata* vegan.

Artisanat

⑫ **Fábrica Sant'Anna** – **E6** - *Largo Barão Quintela, 4 - M Baixa-Chiado - ℘ 213 422 537 - www.santanna.com.pt - lun.-sam. 9h30-19h.* Le show-room de cette fabrique d'azulejos fondée en 1741 affiche un vaste choix de carreaux à tous les prix. Sur réserv. impérative (*℘ 213 638 292 - lun.-vend. 9h30-12h30, 13h30-18h*), on peut visiter les ateliers situés calçada da Boa-Hora pour découvrir les procédés de fabrication hérités du 18e s.

⑬ **Vista Alegre** – **E6** - *Largo do Chiado, 20-23 - M Baixa-Chiado - ℘ 213 461 401 - vistaalegre.com - 10h-20h.* Boutique de la manufacture Vista Alegre, qui fabrique depuis 1824 de la porcelaine, fer de lance du savoir-faire portugais dans le domaine. Autres boutiques dans les centres commerciaux des Amoreiras et du Parque das Nações.

⑭ **Caza das Vellas Loreto** – **E6** - *R. do Loreto, 53-55 - M Baixa-Chiado - ℘ 213 425 387 - www.cazavellasloreto.com.pt - lun.-vend. 10h-19h, sam. et j. fériés 10h-13h.* Boiseries sombres et parfum de cire pour l'une des plus vieilles enseignes du Chiado. Depuis 1789, elle fournit cierges et bougies aux églises et aux particuliers.

⑮ **Cerâmicas na Linha** – **E6** - *R. Capelo, 16 - M Baixa-Chiado - ℘ 215 984 813 - ceramicasnalinha.pt - lun.-sam. 10h-20h, dim. 10h-19h.* De la céramique portugaise vendue au poids, à partir de quelques euros le kilo. Du plat au coquetier, de la traditionnelle forme de chou aux lignes plus modernes, il y en a pour tous les goûts !

K. Kozlowski/age fotostock

A Vida Portuguesa.

⑯ **Burel Factory** – **E6** - *R. Serpa Pinto, 15B - M Baixa-Chiado - ℘ 914 739 164 - burelfactory.com - 10h-18h, dim. 11h-19h.* Vêtements, tapis, couvertures, sacs faits main, à partir de la laine épaisse et chaude produite dans la serra da Estrela. Créations de jeunes designers portugais.

㉞ **A Vida Portuguesa** – **E6** - *R. Anchieta, 11 - M Baixa-Chiado - ℘ 213 465 073 - www.avidaportuguesa.com - 10h-19h30,* *dim. 11h-19h30.* La toute première boutique ouverte par cette belle enseigne d'artisanat et produits fabriqués au Portugal. Elle occupe une ancienne fabrique de parfums du 19e s. dont elle a conservé la structure et le mobilier. De bonnes idées de cadeaux dans un bel endroit.

Livres

17 **Livraria Ferin** – **E6** - *R. Nova do Almada, 72 - Ⓜ Baixa-Chiado - ✆ 213 424 422 - ferin.pt - lun.-sam. 11h-19h.* Une adresse sans rivale pour dénicher un ouvrage sur l'art portugais ou un beau-livre.

Mode et textile

19 **Lua de Champagne** – **E6** - *Calçada do Sacramento, 17 - Ⓜ Baixa-Chiado - ✆ 965 360 035 - www.facebook.com/LuadeChampagne - tlj sf dim. 12h-20h.* Une adresse girly, où l'on déniche bijoux, accessoires, vêtements et quelques objets de déco, au style romantique et coloré, parfois vintage.

20 **Paris em Lisboa** – **E6** - *R. Garrett, 77 - Ⓜ Baixa-Chiado - ✆ 213 468 885 - www.parisemlisboa.pt - tlj sf dim. 10h-19h.* Une institution née en 1888, spécialisée dans le linge de maison. À voir pour ses intérieurs en bois et la qualité de ses produits.

21 **Luvaria Ulisses** – **E6** - *R. do Carmo, 87 - Ⓜ Baixa-Chiado - ✆ 213 420 295 - www.luvariaulisses.com - tlj sf dim. 10h-19h.* Une minuscule boutique aux boiseries patinées où l'on trouve des gants de cuir fabriqués au Portugal. Chic et intemporel.

Le Bairro Alto

Plan de quartier p. 29

Mode et design

22 **A Fábrica dos Chapéus** – **E6** - *R. da Rosa, 118 - Ⓜ Baixa-Chiado - ✆ 917 178 919 - www.afabricadoschapeus.com - tlj sf dim. 11h-20h.* Une chapellerie où l'on déniche toutes sortes de coiffes vintage avant l'heure.

Artisanat

24 **Solar** – **E5** - *R. Dom Pedro V, 70 - Ⓜ Restauradores, Avenida ou Rato - ✆ 213 465 522 - www.solar.com.pt - lun.-vend. 10h-13h, 14h-19h, sam. 10h-13h - fermé sam. en juil.-août.* Un vrai petit musée de l'azulejo, avec des pièces du 16e s. à nos jours, à tous les prix selon les époques.

Le Rato et les Amoreiras

Plan de quartier p. 34

Centre commercial

28 **Amoreiras Shopping Center** – **C4** - *Av. Engenheiro Duarte Pacheco - Ⓜ Rato - amoreiras.com - 10h-23h.* Centre commercial de 400 boutiques, avec supermarché, galerie d'antiquités, restaurants, sept salles de cinéma et... une chapelle. Terrasse panoramique à 360° *(avr.-sept : 10h-12h30, 14h30-22h, w.-end 10h-22h ; oct.-mars : 10h-12h30, 14h30-18h, w.-end 10h-18h - 5 €, 6-16 ans 3 €).*

Mode et design

26 **39A Concept Store** – **D5** - *R. Alexandre Herculano, 39A - Ⓜ Rato - ✆ 216 058 302 - www.39a.pt - lun.-vend. 11h-13h, 14h30-19h, sam. 11h-14h.*

Un prêt-à-porter coloré et original, signé de quelques pointures du jeune design portugais – Karavan, Manjerica... –, avec des articles femme et homme, des bijoux, accessoires, petite déco, etc.

❤ 25 **Embaixada** – **D5** - *Praça do Príncipe Real, 26 - Ⓜ Avenida ou Rato - ✆ 965 309 154 - www.embaixadalx.pt - 12h-20h, dim. 11h-19h.* Une virée shopping dans un cadre unique ! Ce magnifique palais néomauresque du 19e s. a été converti en galerie commerçante chic. Autour du patio occupé par un restaurant, les enfilades de pièces accueillent vêtements, chaussures, bijoux, objets de déco, etc., de marques et de créateurs portugais.

27 **Amélie au Théâtre** – **D5** - *R. da Escola Politécnica, 69 - Ⓜ Avenida ou Rato - ✆ 215 982 900 - 10h30-19h, dim. 12h-19h.* Belle sélection de pièces de différents créateurs pour se façonner un look romantique ou extravagant.

Livres

6 **Livraria da Travessa** – **D5** - *R. da Escola Politécnica, 46 - Ⓜ Rato - ✆ 213 460 553 - 10h-21h, sam. 10h-19h, dim. 11h-19h.* Un choix considérable de livres en français, des beaux-livres aux romans, sur Lisbonne ou non.

Divers

❤ 31 **Dona Ajuda** – **D5** - *R. Alexandre Herculano, 64 - Ⓜ Rato - ✆ 965 461 901 - www.donaajuda.pt - lun.-vend. 11h-18h, sam. 11h-19h.* L'ancien marché du quartier Rato a été converti en une boutique sociale et solidaire fourmillant d'idées et de dynamisme, à la déco très réussie. Des vêtements aux vinyles, on y trouve de tout. En face se développent une recyclerie et divers projets d'économie circulaire. Concerts et animations culturelles.

Estrela, Madragoa et Lapa

Plan de quartier **p. 34**

Gastronomie

37 **Companhia Portugueza do Chá** – **D6** - *R. do Poço dos Negros, 105 - Tram 25E - ✆ 213 951 614 - companhiaportuguezadocha.com - lun.-sam. 10h-19h.* Magasin entièrement dédié au thé, avec lequel le Portugal entretient un lien particulier depuis le temps des Découvertes et de sa présence à Macao. Les meilleurs thés de Chine et d'ailleurs, ainsi qu'une spécialité, l'Earl Grey Portugal, à la bergamote.

Cais do Sodré et Alcântara

Plans de quartier **p. 29** et **p. 34**

Gastronomie

29 **Loja das Conservas** – **E7** - *R. do Arsenal, 130 - Ⓜ Cais do Sodré - ✆ 911 181 210 - 10h-20h, vend.-sam. 10h-21h, dim. 12h-20h.* Un lieu ouvert à l'initiative de l'Association nationale des industriels de conserves de poisson. Sur ses murs blancs s'alignent les conserves de sardines, maquereaux et thon, des différentes fabriques du Portugal, présentées par des textes illustrés. L'idée, originale, a fait des émules dans tous les quartiers touristiques.

Design

18 **+ 351** – **D7** - *R. da Boavista, 81 - Tram 25E - ✆ 215 873 134 - plus351.pt - mar.-sam. 11h30-20h.* Boutique créée

par Ana Costa, un nom qui a su se faire entendre sur la scène du jeune design portugais (vêtements, déco), avec pour source d'inspiration première les voyages et l'Atlantique.

Plan détachable

Design

32 **Pura Cal** – **A8** - *R. Rodrigues de Faria, 103 - LX Factory - Tram 15E, 18E - ✆ 962 921 413 - www.puracal.pt - 10h-19h.* Une boutique qui mêle pièces vintage et créations de designers portugais (coussins, céramique, mobilier, etc.).

Livres

❤ 33 **Ler Devagar** – **A8** - *R. Rodrigues de Faria, 103 - LX Factory - Tram 15E, 18E - ✆ 213 259 992 - lerdevagar.com - 10h-22h (0h jeu.-sam.).* Installée dans une ancienne imprimerie, cette étonnante librairie invite à feuilleter les livres en buvant un verre, au milieu de vieilles machines rotatives. Belle sélection musicale en vinyles. Expos, rencontres et débats animent régulièrement la soirée. À ne pas manquer, à l'étage : les créations poétiques de l'inventeur Pietro Proserpio, alias « Geppetto ». La librairie prête régulièrement ses locaux pour des concerts.

L'Alfama et la Mouraria

Plans de quartier p. 52-53 et p. 61

Gastronomie

2 **Conserveira de Lisboa** – **F6** - *R. dos Bacalhoeiros, 34 - M Terreiro do Paço - ✆ 218 864 009 - www.conserveiradelisboa.pt - tlj sf dim. 9h-19h.* Un magasin centenaire (comptoir en bois) où l'on empaquette les boîtes de conserve de poisson assaisonné à l'huile d'olive, à la tomate ou au citron dans d'adorables emballages rétro.

Artisanat

9 **A Vida Portuguesa** – **F5** - *Largo do Intendente Pina Manique, 23 - M Intendente - ✆ 211 974 512 - www.avidaportuguesa.com - 10h30-19h30.* Dans une ancienne fabrique d'azulejos, cette vaste boutique de 500 m² propose toutes sortes d'objets made in Portugal ou surfant sur la nostalgie : cosmétiques, décoration, textiles, épicerie fine, etc. Boutique historique dans le Chiado *(R. Anchieta, 11)* et succursale au Mercado da Ribeira (☛ p. 94).

❤ 5 **Chi Coração** – **F6** - *R. Augusto Rosa, 22-24 - Tram 28E - ✆ 968 479 831 - www.chicoracao.pt - 10h-20h.* Très belle boutique spécialisée dans la laine de production portugaise. Coup de cœur pour les plaids épais, aux couleurs douces. Propose aussi des vêtements (pulls, bonnets). Autres boutiques, chacune avec sa spécialité (maison, mode, animaux en laine, déco...) aux nos 4, 40, 42-46 de la rue, au 14 largo do Chiado et près du Museu do Fado.

Graça et Santa Apolónia

Plan de quartier p. 61

Marché

10 **Feira da Ladra** – **G5** - *Campo Santa Clara - M Santa Apolónia - mar. et sam. mat.-fin d'apr.-midi (entre 13h et 18h selon la saison et la météo).* Le grand marché aux puces de Lisbonne.

Charlotte Valade/Companhia Portugueza do Chá

Companhia Portugueza do Chá.

Bric-à-brac de vêtements, argenterie, meubles, céramiques, etc. Les amateurs de raretés s'y rendent dès 6h du matin (*p. 62*).

Artisanat

8 **A Arte da Terra** – **F6** - *R. da Senhora do Monte, 5C - Tram 12E, 28E - 212 745 975 - www.aartedaterra.pt - mar.-sam. 11h-14h, 15h-18h.* Le meilleur de l'artisanat portugais, toutes régions confondues : textiles, figurines en terre cuite, liège, céramique, bijoux d'auteur, etc. Une bonne option pour des souvenirs de qualité. Près du miradouro da Senhora do Monte.

36 **Armazém das Caldas** – **G5** - *Campo de Santa Clara, 112 - M Santa Apolónia - mar. et sam. 9h-18h (horaires variables, se rens.).* Céramiques faites main dans la région de Caldas da Rainha, où prime l'inspiration naturaliste qui fait leur succès depuis plus d'un siècle. Vous trouverez des poteries en grès de style plus contemporain dans la boutique voisine.

Sortir

La nuit lisboète est particulièrement vivante le long du Tage, vers **Cais do Sodré** et alentour (Bica, praça de São Paulo et rua Nova de Carvalho) ou près des **docks d'Alcântara**, ainsi que dans le **Bairro Alto** et du côté de la praça do **Príncipe Real**. L'**Alfama** est le domaine du fado. La vie nocturne bat son plein à partir du jeudi soir.

Ne vous aventurez pas en discothèque avant 2h, au risque de vous sentir bien seul. Les Lisboètes n'y arrivent qu'après la fermeture des bars.

ABEP – *Praça dos Restauradores - 213 240 130 - 9h-20h.* Kiosque assurant la vente des billets (théâtre, sports, concerts, etc.).

Publications – L'*Agenda Cultural Lisboa* est un mensuel gratuit avec le calendrier des manifestations culturelles *(www.agendalx.pt)*. Autre mensuel gratuit, *Follow Me Lisboa* (portugais/français, disponible en téléchargement sur www.visitlisboa.com) est une précieuse source d'information sur les lieux de sortie. Version papier disponible dans les principaux hôtels et bureaux de tourisme (*p. 122*). Enfin, vous pouvez acheter en kiosque le magazine hebdomadaire *Time Out Lisboa* (en portugais) ou ses hors-séries *(www.timeout.pt/lisboa/pt)*.

Pour le fado, voir aussi p. 150.

Repérez les adresses sur nos plans grâce aux pastilles numérotées (ex. 1). Les coordonnées en rouge (ex. E6) font référence au plan détachable (à l'intérieur de la couverture).

La Baixa et le Rossio

Plan de quartier p. 18

1 **Coliseu dos Recreios** – **E5** - *R. das Portas de Santo Antão, 96 - M Restauradores - 213 240 585 - www.coliseulisboa.com - billetterie : lun.-sam. 13h-19h30.* Inaugurée en 1890, cette immense salle accueille des concerts et des spectacles en tout genre.

Le Chiado et Santa Catarina

Plan de quartier p. 29

6 **Teatro Nacional de São Carlos** – **E6** - *Largo de São Carlos - M Baixa- Chiado - 213 253 045/46 - www.tnsc.pt.* Dans sa salle rococo habillée d'or sont donnés des opéras et des concerts classiques (*p. 23*).

Le Bairro Alto

Plans de quartier p. 29 et p. 34

8 **Galeria Zé dos Bois (ZDB)** – **E6** - *R. da Barroca, 59 - M Baixa-Chiado - 213 430 205 - zedosbois.org - lun.-sqm. 18h-22h - concerts à partir de 22h en fin de semaine.* Un espace expérimental où se mêlent art contemporain (vidéos, performances, expos) et concerts (pop-rock, hip-hop, world music, etc. : programmation éclectique). Rooftop bar.

Escadinhas de São Cristovão dans la Mouraria : fresque collective dédiée au *fado vadio*.

⑨ **Tasca do Chico** – **E6** - *R. do Diário de Notícias, 39* - Ⓜ *Baixa-Chiado* - ✆ *961 339 696* - *19h-2h, vend.-sam. 19h-3h.* Minuscule bar de quartier, antre d'un *fado vadio* authentique, interprété par des amateurs ou des professionnels. Autre adresse dans l'Alfama *(r. dos Remédios, 83,* **G6***)*, non loin du Museu do Fado.

❤ ⑪ **Grapes & Bites Winehouse** – **E6** - *R. do Norte, 85* - Ⓜ *Baixa-Chiado* - ✆ *924 457 494* - *www.grapesandbites.eatbu.com* - *tlj sf mar. 15h-0h.* Un bar à vins sympathique, où l'on goûte les crus portugais en grignotant charcuterie, fromage et petits plats. Le tout en écoutant de la musique live (rock, folk, blues, etc.).

⑩ **Real Fado** – **D5** - *Praça do Príncipe Real* - Ⓜ *Avenida* - ✆ *918 818 840* - *www.facebook.com/realfadoconcerts* - *concert 20/30 €.* Concerts intimistes dans un cadre hors du commun : le patio du palais néomauresque d'Embaixada le dim. à 19h et les souterrains du Loreto, au Reservatório da Patriarcal, le vend. à 19h.

㉑ **Park** – **D6** - *Calçada do Combro, 58* - Ⓜ *Baixa-Chiado* - ✆ *215 914 011* - *lun.-jeu. 16h-2h, vend.-sam. 14h-2h.* Pour prendre un verre sur le toit d'un parking (5e étage, ascenseur) sur fond de musique jazz, soul ou funk, avec le Tage et le pont du 25-Avril en toile de fond.

Estrela, Madragoa et Lapa

Plan de quartier **p. 34**

⑫ **Senhor Vinho** – **C6** - *R. do Meio à Lapa, 18* - Ⓜ *Picoas* - ✆ *213 972 681* - *www.srvinho.com* - *mar.-sam. 20h-2h* - *réserv. obligatoire.* Un restaurant réputé pour écouter du fado.

⑦ **Incógnito** – **D6** - *R. Poiais de São Bento, 37* - Tram *28E* - ✆ *213 908 755* - *merc.-sam. 23h-4h.* Petit bar musical, sympa et mode pour amateurs de musique indie et alternative.

Cais do Sodré et Alcântara

Plans de quartier **p. 29** **et** **p. 34**

Bars des Docas – **B8** - *Docks d'Alcântara et de Santo Amaro* - Tram *15E.* Nombreux bars branchés au long de ces deux docks restaurés et réaménagés.

⑮ **O Bom O Mau e O Vilão** – **E7** - *R. do Alecrim, 21* - Ⓜ *Cais do Sodré* - ✆ *963 982 094* - *www.obomomaueovilao.pt* - *19h-1h (3h le vend.).* Un bar à cocktails conçu comme un appartement, avec sa succession de salles et son mobilier vintage, qui s'anime en soirée au son des DJ sets et des concerts live.

Marvila

Plan de quartier **p. 65**

⑰ **Fábrica Braço de Prata** – *R. da Fábrica do Material de Guerra, 1* - 🚆 *Braço de Prata* - ✆ *925 737 045* - *www.bracodeprata.com* - *lun.-jeu. et dim. 9h-23h, vend.-sam. 9h-2h.* Dans les anciens docks entre Santa Apolónia et le Parc des Nations, un lieu « multi-culti », avec librairies, concerts, bar, café-restaurant, spectacles, conférences et expositions, dans l'esprit alternatif du quartier de Marvila.

Belém

Plan de quartier **p. 45**

⑱ **Centro Cultural de Belém** – *Praça do Império* - Tram *15E* - ✆ *213 612 400* - *www.ccb.pt.* Une salle où sont présentés les meilleurs spectacles (théâtre, danse) et concerts du pays (*p. 44*).

22 Picadeiro Henrique Calado – *Calçada da Ajuda, près du 23 - Tram 15E - 219 237 300 - www.arteequestre.pt - lun.-vend. 10h-13h (8 €) et gala le dernier vend. du mois à 21h30 (20/50 €).* Dans le manège situé au-dessus du Picadeiro Real, la prestigieuse école portugaise d'art équestre donne à voir des exercices le matin. Spectacles de dressage de chevaux lusitaniens par ses meilleurs cavaliers.

L'Alfama et la Mouraria

Plan de quartier **p. 52-53**

2 A Baiuca – **F6** - *R. de São Miguel, 20 - Tram 12E, 28E - 218 867 284 - tlj sf mar.-merc. 19h30-23h30.* Un tout petit restaurant chaleureux où écouter du *fado vadio* (fado vagabond). Réserv. impérative par tél.

Graça et Santa Apolónia

Plan de quartier **p. 61**

4 Lux Frágil – **G6** - *Av. Infante D. Henrique - Cais da Pedra - Armazém A - M Santa Apolónia - 218 820 890 - www.luxfragil.com - jeu.-sam. 23h-6h.* Certains adorent, d'autres détestent... Dans cet ancien entrepôt vibre l'un des endroits les plus branchés de Lisbonne, mais il pratique parfois des tarifs extravagants. Bar et discothèque au rez-de-chaussée et au 1er étage, terrasse avec vue sur le toit.

3 Tasca do Jaime - **F5** - *R. da Graça, 91 - Tram 28E - 218 881 560 - mar.-dim. 9h-20h.* Petit bar à l'ambiance familiale pour écouter de l'authentique fado en sirotant une bière ou en picorant quelques *petiscos* à prix raisonnables.

Avenida da Liberdade et Saldanha

Plan détachable

5 Grande Auditório Gulbenkian – **D2** - *Av. de Berna, 45 A - près du musée - M Praça de Espanha - 217 823 700 - www.gulbenkian.pt/musica.* Remarquable programmation de musique classique.

19 Hot Clube – **E5** - *Praça da Alegria, 48 - M Avenida - 213 460 305 - www.hcp.pt - mar.-sam. à partir de 22h.* La plus ancienne cave de jazz de Lisbonne. Des groupes, souvent de renommée internationale, s'y produisent.

Campo Pequeno et Campo Grande

Plan détachable

20 Culturgest - Caixa Geral de Depósitos – **E1** - *R. do Arco do Cego, 50 - M Campo Pequeno - 217 905 454 - www.culturgest.pt - billetterie : mar.-dim. 11h-18h.* Le siège de la Caisse des dépôts abrite un espace culturel, avec une programmation musicale de qualité et des expositions d'artistes contemporains *(mar.-dim. 11h-18h)*.

Se loger

Lisbonne propose un grand choix d'hébergements, de l'auberge de jeunesse au look recherché à l'hôtel luxueux en passant par la pension *(pensão* ou *alojamento local)*. Les prix ont considérablement augmenté ces dernières années et il devient difficile, surtout en été, de trouver un hébergement convenable à tarif économique. Les hôtels sont classés de 2 à 5 étoiles, le prix incluant souvent le petit-déjeuner. La plupart proposent un service de restauration, contrairement aux pensions. Correspondant à la catégorie « une étoile », celles-ci sont souvent installées dans des édifices anciens ; nombreuses, elles sont simples mais bien entretenues. Quant aux *residenciais*, plus confortables mais souvent sans restaurant, ils privilégient le fonctionnel plutôt que le charme. Toutes les adresses offrent le wifi à leurs clients. Toutes catégories confondues, pour un séjour en juillet-août, réservez le plus en amont possible.

Les prix que nous indiquons correspondent à une chambre double en juil.-août. Toute personne âgée de plus de 13 ans doit acquitter une taxe de séjour de 2 €/j. (maxi 7 j.), payable en espèces auprès de l'hôtelier. Les prix sont souvent divisés par deux voire par trois en moyenne et basse saison.

Adresses pour tous les styles et budgets sur *www.visitlisboa.com*.

Quartiers

Avec leurs stations de métro et leurs nombreux arrêts de tram, les quartiers centraux de la **Baixa** et du **Chiado** sont les plus pratiques, mais aussi les plus bruyants. Certains préféreront les ruelles pittoresques du **Bairro Alto** et de l'**Alfama**, le calme des collines résidentielles de **Graça** et **Lapa**, assez proches du centre à pied et reliées par le tram, ou encore le chic des hôtels proches de l'**avenida da Liberdade**, bien desservie par les transports en commun.

Locations d'appartements

Bonne formule pour un week-end à plusieurs. *www.abritel.fr; www.vrbo.com; www.spotahome.com; travelingtolisbon.com.*

Repérez les adresses sur le plan détachable (à l'intérieur de la couverture) grâce aux pastilles numérotées (ex. 1). Les coordonnées en rouge (ex. F6) font référence à ce même plan.

La Baixa et le Rossio

Plan de quartier **p. 18**

De 80 à 150 €

13 **Pensão Praça da Figueira** – **E6** - *Travessa Nova de São Domingos, 9 - M Rossio - 213 424 323 - www.pensaopracadafigueira.com - 31 ch.*

J. Pigozne/imageBROKER/age fotostock

VIP Eden, Praça dos Restauradores.

77/135 €. Sympathique pension, centrale et rénovée, aux 2e et 3e étages (sans ascenseur) d'un bel immeuble ancien. Chambres avec *casa de banho completa* (douche + lavabo + WC) ou non (WC sur le palier), privée ou commune (3 sdb pour 5 chambres). Deux suites *(4-5 pers.)*. Petit-déjeuner copieux et varié. Un excellent rapport qualité/prix.

20 **Rossio Hostel** – **E6** - *Calçada do Carmo, 6 (2e ét.) - M Rossio - 213 426 004 - www.rossiohostel.com - - 7 ch. 82/140 €*. L'une des auberges de jeunesse tendance qui ont fleuri dans le quartier du Rossio, et dont les points communs sont une décoration très réussie et une ambiance conviviale. Chambres doubles aérées et confortables (salles de bains à partager), certaines avec vue sur le château, ainsi que des dortoirs de 4 à 6 lits *(29/51 €/pers.)*.

Plus de 150 €

12 **VIP Eden** – **E5** - *Praça dos Restauradores, 24 - M Restauradores - 213 216 600 - www.viphotels.com - - 134 ch. 120/250 €*. Ancien cinéma reconverti avec succès en appart-hôtel : studios équipés *(1-2 pers.)* et appartements jusqu'à 4 pers., à la semaine ou à la nuitée. Terrasse panoramique avec petite piscine.

1 **My Story Hotel Tejo** – **F6** - *R. dos Condes de Monsanto, 2 - M Rossio - 218 866 182 - www.mystoryhotels.com - - 51 ch. 150/190 €*. Proche de la praça da Figueira, cet hôtel a été

rénové par des designers portugais. Chambres confortables et joliment décorées, mais un peu bruyantes côté rue.

Le Chiado et Santa Catarina

Plan de quartier **p. 29**

Plus de 200 €

2 **Hotel do Chiado** – **E6** - *R. Nova do Almada, 114 - M Baixa-Chiado - 213 256 118 - www.hoteldochiado.pt - 40 ch. 240/320 €.* Installé à côté des étages supérieurs des entrepôts historiques « Armazéns do Chiado », un hôtel de très bon confort à la déco minimaliste. Les chambres « premium » ont une terrasse avec vue superbe sur la ville ou le Tage.

❤ 18 **Monte Belvedere** – **D6** - *R. Santa Catarina, 17 - Tram 28E - 930 613 162 - www.shiadu.com/monte-belvedere - 21 ch. 340/390 €.* L'une des délicieuses maisons d'hôtes de charme de Shiadu, dans le pittoresque quartier de Santa Catarina. Vue sur le Tage depuis certaines chambres et surtout depuis la terrasse où l'on prend le petit-déjeuner ou le dîner. Très bon accueil.

Le Bairro Alto

Plans de quartier **p. 29 et p. 34**

Moins de 100 €

14 **Pensão Londres** – **E5** - *R. Dom Pedro V, 53 - M Restauradores puis ascensor da Glória - 213 462 203 - www.pensaolondres.com.pt - 36 ch. 85/140 €.* Sur les hauteurs du Bairro Alto, à deux pas du jardin de Príncipe Real et du fameux funiculaire da Glória, des chambres claires et spacieuses avec, dans les étages élevés, une belle vue sur le Tage ou le château.

Autour de 150 €

3 **Casa de São Mamede** – **D5** - *R. da Escola Politécnica, 159 - M Rato - 213 963 166 - www.casadesaomamede.pt - 26 ch. 150/170 €.* Près du jardin botanique et du quartier des créateurs de mode et déco, une paisible maison du 18e s. qui ne manque pas de caractère avec ses azulejos et son opulent mobilier ancien.

Estrela, Madragoa et Lapa

Plan de quartier **p. 34**

Autour de 200 €

7 **York House** – **C7** - *R. das Janelas Verdes, 32 - Santos - 213 962 435 - www.yorkhouselisboa.com - 38 ch. 135/200 €.* Dans un ancien couvent du 17e s., un charmant « boutique-hôtel » à l'atmosphère sereine. Les plus belles chambres se répartissent autour d'un agréable patio planté d'une abondante végétation.

8 **As Janelas Verdes** – **C7** - *R. das Janelas Verdes, 47 - Santos - 213 968 143 - www.lisbonheritagehotels.com/as-janelas-verdes - 29 ch. 200/300 €.* Jouxtant le musée d'Art ancien, un hôtel confortable dans une belle maison du 18e s. qui fut celle de l'écrivain Eça de Queiros. Décoration classique mais éclectique. Les meilleures chambres, donnant sur le Tage, sont aussi les plus calmes. Au 3e étage, salon-bibliothèque avec vue sur le fleuve.

L'Alfama et la Mouraria

Plan de quartier p. 52-53

Autour de 200 €

15 **Solar dos Mouros** – **F6** - *R. do Milagre de Santo António, 6 - BUS 737 - ✆ 218 854 940 - www.solardosmouroslisboa.com - ▤ - 13 ch. 200/280 € - 2 nuits mini en haute saison.* Cette belle maison rose orangé perchée sur l'ancienne muraille arabe a abrité l'atelier du peintre portugais Luís Lemos. Vastes chambres avec vue et deux suites, dont une avec terrasse, décorées avec élégance et sobriété.

Graça et Santa Apolónia

Plan de quartier p. 61

Autour de 100 €

6 **Albergaria Senhora do Monte** – **F5** - *Calçada do Monte, 39 - Tram 28E - ✆ 218 866 002 - www.hotelsenhoradomonte.com - ▤ - 28 ch. 125/155 € - ☕ 15 €.* Sur la plus haute colline de Lisbonne, sous le belvédère da Senhora do Monte, un hôtel moderne jouissant d'un panorama grandiose. Les chambres les plus chères ont une terrasse.

Avenida da Liberdade, Saldanha et Estefânia

Plan de quartier p. 34

Moins de 100 €

16 **Brasília** – **D4** - *R. Alexandre Herculano, 29 - M Marquês de Pombal - ✆ 213 149 213 - ▤ - 7 ch. à partir de 60 €.* Une pension dans un appartement à l'atmosphère feutrée, au 2e étage. Chambres simples (les plus chères avec salle de bains privative) mais intimes. Vite complet : réservez !

De 100 à 150 €

21 **Lisbon Style** – **F4** - *Av. Almirante Reis, 55 - M Anjos - ✆ 213 171 035 - www.lisbonstyle.pt - ▤ - 5 ch. 83/95 € et 2 appart. 125/165 €.* Dans un quartier peu touristique où fourmillent les *guesthouses*, celle-ci entretient un esprit « boutique-hôtel » et propose des chambres confortables, douillettes et modernes, dont le décor évoque pour chacune un monument de Lisbonne. Excellent accueil et rapport qualité/prix, particulièrement hors saison. Agréable terrasse.

Plus de 200 €

10 **NH Liberdade** – **E5** - *Avenida da Liberdade, 180B - M Avenida - ✆ 210 020 848 - www.nh-hotels.com - P 🏊 - 83 ch. 230/320 € ☕.* Chambres spacieuses et décoration minimaliste. Sur le toit, piscine et terrasse panoramique. Chic et design.

11 **Britânia** – **E5** - *R. Rodrigues Sampaio, 17 - M Avenida - ✆ 213 155 016 - www.lisbonheritagehotels.com/fr/hotel-britania - ▤ - 33 ch. 340/440 € ☕.* Dans une rue tranquille parallèle à l'avenida da Liberdade, un hôtel Art déco construit dans les années 1940 par Cassiano Branco, l'architecte de l'Eden Teatro, sur la praça dos Restauradores. Confort et charme rétro : une merveille !

CARNET PRATIQUE

L'Alfama au crépuscule.
SeanPavonePhoto/Getty Images Plus

Préparez votre voyage

Formalités d'entrée

Renseignez-vous sur les règles sanitaires et administratives en vigueur au moment de votre voyage sur www.diplomatie.gouv.fr ou sur pt.ambafrance.org, rubrique Aller au Portugal.

Pièce d'identité obligatoire – Carte d'identité ou passeport en cours de validité.

Visa – Les ressortissants français, ceux de l'Union européenne et les Suisses n'en ont pas besoin.

Douane – Aucun contrôle à l'intérieur de l'Union européenne. Si vous arrivez d'un pays ne faisant pas partie de l'UE, vous devez passer la douane et déclarer les marchandises que vous apportez avec vous.

Aller à Lisbonne en avion

Aéroport international Humberto Delgado – ✆ 218 413 500 - www.aeroportolisboa.pt.

« Arriver à Lisbonne » p. 3.

Réservez vos billets d'avion plusieurs mois à l'avance pour les départs en été, compte tenu des nombreux retours des Portugais résidant à l'étranger, surtout en août. Attention, à Lisbonne, les avions de certaines compagnies low-cost décollent du **terminal 2**.

Compagnies aériennes

Comptez entre 2h15 et 2h45 de vol depuis Paris, Bruxelles ou Genève. Utilisez les comparateurs de vols, de type skyscanner.fr ou kayak.fr (il y en a beaucoup d'autres), pour trouver les tarifs les plus intéressants.

Seuls les vols directs sont mentionnés ici. Certaines liaisons ne sont assurées qu'en saison. Consultez les sites Internet des compagnies pour connaître les fréquences des vols avec précision.

Air France – www.airfrance.fr. Trois ou quatre vols quotidiens au départ de Paris-Charles-de-Gaulle.

Brussels Airlines – www.brusselsairlines.com. Au départ de Bruxelles-Zaventem, 1 ou 2 vols/j.

easyJet – www.easyjet.com. Vols 1 à 2 fois par semaine de/vers Paris-Charles-de-Gaulle, Bâle-Mulhouse, Bordeaux, Luxembourg, Lyon, Marseille, Nantes, Rennes, Toulouse ; quelques vols pour Lille, Nice et Zurich.

Luxair – www.luxair.lu. Vols quotidiens depuis Luxembourg.

Ryanair – www.ryanair.com. Vols quotidiens depuis Paris-Beauvais, Bruxelles-Zaventem, 6 vols/sem. depuis Luxembourg. Vols hebdomadaires depuis Bordeaux, Marseille et Toulouse.

TAP Air Portugal – www.flytap.com. Vols quotidiens depuis Paris-Orly, Bordeaux, Lyon, Marseille, Mulhouse, Bruxelles, Genève et Luxembourg.

Transavia – www.transavia.com. Vols quotidiens depuis Paris-Orly et Nantes. Également des vols (fréquence irrégulière) depuis Montpellier.

Vueling – www.vueling.com. Vols quotidiens depuis Paris-Orly ; avec correspondance pour quelques villes françaises de province.

fsamora/Getty Images Plus

À bord de l'elevador da Bica.

Aller à Lisbonne en train

De Paris – www.sncf-connect.com. De Paris-Montparnasse, un **TGV** part tlj à 12h47 pour Hendaye, où vous changerez de train ; arrivée Lisbonne (gare d'Oriente) le lendemain vers 7h20.

« Arriver à Lisbonne » p. 3.

Argent

La devise est l'**euro**.

Cartes bancaires – Visa, Eurocard, MasterCard sont largement répandues à Lisbonne (plus rarement American Express) et acceptées par de nombreux hôtels, restaurants, boutiques et *multibancos* (distributeurs automatiques de billets). Attention : de nombreux petits restaurants et certaines pensions refusent ce mode de paiement.

« Banques » p. 124 et encadré « Pas de panique ! » p. 125.

Saisons et climat

Tempéré, le climat de Lisbonne reste doux et ensoleillé toute l'année. Température annuelle moyenne : 17 °C. Le printemps et l'automne sont les saisons idéales pour découvrir la capitale portugaise.

Printemps – Parcs et jardins se parent de fleurs, les terrasses de cafés se déploient. Le mois d'avril est attrayant, la ville s'animant avec ferveur durant la Semaine sainte. C'est également le cas en juin, à l'occasion de la fête patronale de la Saint-Antoine, qui se déroule sur plusieurs jours autour du 13 juin.

Automne – Températures particulièrement agréables (moyenne de 22 à 26 °C).
Été – Juillet et août sont les mois les plus chauds (27 à 28 °C) mais la ville jouit de brises rafraîchissantes du fait de la proximité de l'Océan.
Hiver – Humide et relativement frais mais Lisbonne reste généralement ensoleillée (13 à 17 °C).

Santé

Pensez à demander à votre caisse votre carte européenne d'assurance-maladie (CEAM) au moins 15 jours avant votre départ, ce qui évite d'avancer certains frais. À défaut, une attestation provisoire vous sera délivrée en ligne sur www.ameli.fr.
En cas de problème sur place, voir encadré « Pas de panique ! » p. 125.

Téléphone

Pour appeler de l'étranger à Lisbonne – Composer le 00 (international) + 351 (indicatif du Portugal) puis les 9 chiffres de votre correspondant. Les numéros de fixe commencent par un 2, les numéros de portable par un 9.
Sur place, voir « Téléphone » p. 126.

Informations touristiques

Sites Internet

www.visitlisboa.com – Site officiel de la municipalité. Informations pratiques et culturelles, spécifiques à Lisbonne.
www.visitportugal.com – Site de l'office de tourisme du Portugal. Très complet. Nombreux contacts, renseignements sur tout le pays : informations pratiques, thématiques, sports, hébergements, vidéos, etc.

Offices de tourisme

Les numéros de téléphone ci-dessous sont à composer depuis le Portugal. Depuis l'étranger, faites les précéder de l'indicatif international, + 351.
Palácio Foz – Praça dos Restauradores - ✆ 213 463 314 - 10h-19h (18h en hiver). Principal bureau de l'Instituto de turismo de Portugal (ITP), qui renseigne sur Lisbonne et sa région.
Posto de turismo Terreiro do Paço – Praça do Comércio - ✆ 210 312 810 - 10h-19h (18h en hiver).
Ask Me Lisboa – Plusieurs points d'information dans la ville, dont :
Kiosque de l'aéroport – ✆ 218 450 660, 7h-22h.
Kiosque du Cais do Sodré – Praça do Duque de Terceira - ✆ 912 484 108 - 9h-13h, 14h-18h.
Kiosque du Rossio – Praça Dom Pedro IV - ✆ 910 517 914 - lun.-sam. 10h-13h, 14h-18h.
Kiosque de Belém – Devant le Mosteiro dos Jerónimos - ✆ 910 517 981 - mar.-dim. 10h-13h, 14h-18h.
Kiosque de Santa Apolónia – Estação CP (gare) - ✆ 910 517 982 - merc.-dim. 10h-13h, 14h-19h.
Ask Me Sintra – Praça da República, 23 - ✆ 219 231 157 - 10h-18h30.
Le kiosque du Parque das Nações est temporairement fermé au public.

Votre séjour de A à Z

Ambassades

Ambassade de France – Rua de Santos-o-Velho, 5 - ✆ 213 939 100 - pt.ambafrance.org
Ambassade/Consulat de Belgique – Rua Castilho, 75 - 4e droite - ✆ 213 170 510 - portugal.diplomatie.belgium.be/fr
Ambassade du Canada – Avenida da Liberdade, 198 - ✆ 213 164 600 - www.canadainternational.gc.ca/portugal
Ambassade du Luxembourg – Rua das Janelas Verdes, 43 - ✆ 213 931 940 - lisbonne.mae.lu
Ambassade de Suisse – Travessa do Jardim, 17 - ✆ 213 944 090 - www.eda.admin.ch/lisbon

Banques

Il y en a dans toute la ville. Très courants, les distributeurs automatiques de billets (*multibancos*) acceptent la plupart des cartes bancaires. Les retraits sont limités à 200 € par transaction.
« Argent » p. 121.

Consignes

Lockers *(cacifos)* dans les grandes gares ferroviaires (Oriente, Santa Apolónia, Rossio, Sete Rios, Cais do Sodré). Salle gardée *(garda bagagem)* à la gare routière de Sete Rios. Autour de 5-6 €/j.
www.portugalluggage.com

Décalage horaire

Été comme hiver, le décalage horaire entre le Portugal et la France est d'une heure : lorsqu'il est 13h à Paris, il est 12h à Lisbonne.

Électricité

220 volts/50 Hz. La majorité des prises sont de type continental avec deux fiches rondes, semblables aux prises françaises. Certaines prises allemandes de type Schuko se rencontrent parfois et requièrent un adaptateur.

Horaires

Banques – Guichets ouverts en continu lun.-vend. 8h30-15h. Toutes proposent des distributeurs automatiques *(multibancos)*, accessibles 24h/24.
Magasins – En général ouverts 9h-13h et 15h-19h, ils ferment le dim. et parfois le sam. apr.-midi. Les centres commerciaux sont pour la plupart ouverts tlj de 10h à 22h, voire minuit.
« Nos adresses/Shopping » p. 104.
Pharmacies – Lun.-vend. 9h-19h, sam. 9h-13h. Pharmacies de garde *(farmácias de serviço)* ouvertes 24h/24. *« Santé » p. 126.*
« Restauration » p. 125 et « Transports en commun » p. 127.

Jours fériés

1er janvier – Nouvel An.
Février – Mardi gras, date variable.
Mars-avril – Vendredi saint, date variable.
25 avril – Anniversaire de la révolution des Œillets, fête de la Liberté.
Mai-juin – Fête-Dieu, le 2e jeudi après le dim. de Pentecôte.

1er mai – Fête du Travail.
10 juin – Fête nationale : mort de Camões et fête des Communautés portugaises.
13 juin – Fête de la Saint-Antoine, saint patron de Lisbonne.
15 août – Assomption.
5 octobre – Fête de la République.
1er novembre – Toussaint.
1er décembre – Restauration de l'indépendance.
8 décembre – Immaculée Conception.
25 décembre – Noël.
La plupart des musées sont fermés les 1er janv., dim. de Pâques, 1er mai, 13 juin, 24, 25 et/ou 31 déc.
Agenda culturel, p. 130.

Lisboa Card

Une formule pratique et économique pour visiter la ville. Valable 24h *(21 €/4-15 ans 13,50 €)*, 48h *(35/19,50 €)* ou 72h *(44/23 €)*, la carte donne un accès illimité aux transports publics (bus, métro, trams, funiculaires, train pour Cascais et Sintra) et un accès libre ou des réductions dans la plupart des musées et sites culturels de Lisbonne et des environs. En vente sur www.lisboacard.org, à l'aéroport et dans les offices de tourisme (*p. 122*).

Pourboire

Le service est inclus, mais il est d'usage de laisser un pourboire d'environ 10 % du montant de l'addition (sauf dans les petits établissements populaires).

Presse

Revues publiant le calendrier des événements culturels :
« Sortir » p. 110.

Pas de panique !

Service national de santé – 808 24 24 24 (24h/24).
SOS – 112 (n° d'urgence européen : pompiers, police, Samu).
Police de tourisme de Lisbonne – Palácio Foz, praça dos Restauradores, à côté de l'office de tourisme - 213 421 623.
Perte/vol cartes bancaires :
American Express
(00 33) 01 47 77 72 00 (n° en France), 800 20 40 80 (n° gratuit, centre local portugais).
Visa – 800 811 824 (n° gratuit, centre local portugais).
MasterCard – 800 811 272 (n° gratuit, centre local portugais).

Réductions

Dans la plupart des monuments et des musées, une réduction allant jusqu'à 50 % est consentie aux enfants, aux étudiants de moins de 25 ans et aux plus de 65 ans.

Restauration

« Se restaurer » p. 90.
Horaires – L'*almoço* (déjeuner) est servi vers 13h. Le *jantar* (dîner) se prend entre 19h et 22h, voire plus tard dans les quartiers touristiques.
Prix – Dans les restaurants populaires, deux prix différents sont parfois affichés pour le même plat.
L'un concerne la demi-portion *(meia dose)*, déjà bien copieuse, et l'autre, la portion entière *(dose)*, servie pour deux personnes.

Usages particuliers – Avant le plat choisi, on vous apportera des petits hors-d'œuvre *(acepipes)* composés de fromage, jambon cru, *chouriço*, olives, pâté de thon, etc. Attention, ils ne sont pas offerts en guise de bienvenue, mais ajoutés à l'addition lorsqu'ils sont consommés. Si vous n'en voulez pas, dites-le simplement au serveur.
La plupart des restaurants facturent le beurre, le pain voire le couvert. La carafe d'eau n'existant pas, il faut commander de l'eau en bouteille.
Pour les poissons, les tarifs peuvent indiquer le prix au kilo : dans ce cas, demandez le poids et le prix du poisson choisi sur le présentoir.
Réservation – Du fait de l'affluence touristique, il est vivement conseillé de réserver, surtout le w.-end.

Santé

La section consulaire de l'ambassade de France tient à jour une **liste de médecins francophones** : pt.ambafrance.org, rubrique « Aller au Portugal ». Les *farmácias* vendent peu ou prou les mêmes médicaments qu'en France. Liste des pharmacies de garde affichée sur la porte des officines et sur www.farmaciasdeservico.net/localidade/lisboa/lisboa.
Encadré « Pas de panique ! » p. 125.

Tabac

Il est interdit de fumer dans les transports en commun et les bâtiments publics (administrations, musées, etc.). Les bars et les restaurants sont non-fumeurs, tout comme les chambres d'hôtel.

Taxis et VTC

Nombreux et moins onéreux que dans la plupart des autres villes d'Europe, ils constituent un bon moyen de déplacement dans Lisbonne. Ils sont de couleur **noire avec toit vert amande**. Une lumière verte s'allume à côté de l'enseigne s'ils sont libres. La plupart des grandes places de la ville sont équipées d'une borne. Les courses en ville se font au compteur. Hors du périmètre urbain, le prix est calculé selon un barème kilométrique, et grimpe très vite. Comptez env. 5-10 € pour une course moyenne de jour (3,25 € + 0,47 €/km), 7 € de nuit (3,90 € + 0,56 €/km). Surtaxes de 1,60 € pour les bagages, 0,80 € pour un appel par téléphone. Vérifiez, au départ, que le compteur est placé sur le bon tarif : T1 pour Lisbonne le jour, T2 pour Lisbonne la nuit (22h-6h), les w.-ends et j. fériés, T3 et T4 pour les zones suburbaines.
Táxis de Lisboa – ✆ 218 119 000 - taxislisboa.com
Teletáxi – ✆ 218 111 100 - teletaxis.pt
Application mobile taxis– IzzyMove
VTC – Uber et Bolt sont les applications plus utilisés à Lisbonne

Téléphone

De l'étranger à Lisbonne

« Téléphone » p. 122.

De Lisbonne à l'étranger

Composer l'indicatif du pays (+ 33 pour la France, + 32 pour la Belgique, + 41 pour la Suisse, + 352 pour le Luxembourg) suivi du n° du correspondant (sans le 0 initial pour la France, la Belgique et la Suisse).

De Lisbonne à Lisbonne

Il faut composer l'intégralité du numéro, soit 9 chiffres. Les numéros commençant par 800 (ligne verte) sont gratuits, ceux qui commencent par 808 (ligne bleue) sont facturés au prix d'un appel local. Les numéros de portable commencent par 9.

Mobiles – Aucun surcoût n'est à prévoir sur vos communications. Vérifiez auprès de votre fournisseur si vos appels effectués depuis l'étranger s'intègrent ou non à votre forfait.

Transports en commun

Tramways *(eléctricos)*, funiculaires *(ascensores)* et ascenseurs *(elevadores)* : dans cette ville au relief accidenté, les transports en commun se révèlent pratiques et parfois pittoresques. Le métro d'une part et les bus, tramways et funiculaires d'autre part sont gérés par des compagnies différentes. Aussi tous les titres de transport ne peuvent-ils pas être utilisés indifféremment sur l'un ou l'autre réseau.

Informations, plan des lignes
✆ 213 613 000 - www.carris.pt (bus, tramways et funiculaires) - ✆ 213 500 115 - www.metrolisboa.pt (métro).

Horaires – Les bus fonctionnent de 6h à 0h30, les trams interrompent leur service au-delà de 20h-21h (sauf la ligne 15E, de 6h à 1h) ; la fréquence est de 10 à 15mn jusqu'à 21h30. Un service de nuit est assuré de 0h30 à 5h30. Le dernier bus n° 736 (Cais do Sodré, Baixa, avenida da Liberdade, etc.) part à 23h25. Le funiculaire de Bica s'arrête vers 21h, celui de Glória vers minuit et l'ascenseur de Santa Justa à 22h (23h en été). Le métro fonctionne de 6h30 à 1h du matin.

Titres de transport – Vous pouvez acheter des **tickets à l'unité** directement dans le tramway (3 €), le bus (2 €) ou le métro (1,65 €). Mais le plus avantageux est de se procurer le **Passe Navegante ocasional** (ex-carte Viva Viagem), carte magnétique rechargeable, en vente (0,50 €) dans les stations de métro, à la poste et dans certains kiosques. Vous opterez soit pour le **forfait 24h** (6,60 € ou 10,70 €, valable également dans les trains), soit pour le **mode zapping**, porte-monnaie électronique rechargeable à volonté (de 3 € mini à 40 € maxi). Le mode zapping, valable dans le métro, les bus, les trams et les funiculaires comme le forfait 24h, permet aussi d'embarquer sur les bateaux assurant la traversée du Tage. Le pass est également utilisable dans les *ascensores* (Bica, Lavra et Glória) et dans l'*elevador* de Santa Justa. Avec l'option zapping (tarifs dégressifs en fonction du montant chargé sur la carte), un trajet vous coûtera 1,35 € quel que soit le mode de transport choisi.
✆ 214 357 472 - www.vimeca.pt et www.navegante.pt

Lisboa Card – Pour un week-end, si vous faites beaucoup de visites, la Lisboa Card peut s'avérer la solution la plus intéressante (*p. 125*).

Eléctricos (tramways)

Les vieux tramways grinçants sont l'un des charmes incontournables de Lisbonne et une manière agréable de parcourir ses collines aux allures de montagnes russes. Sur certaines lignes, ils sont remplacés par des rames plus modernes et couvertes de publicités. Véloces et climatisés, ces

modèles gagnent en confort ce qu'ils perdent en charme.
Sur les 17 lignes qui sillonnaient jadis la capitale, six restent en activité. Trois sont très appréciées des touristes (attention aux pickpockets !) :
nº 12E (boucle au départ de la praça da Figueira) : dessert la cathédrale, le largo das Portas do Sol (Alfama), le belvédère Santa Luzia, la place Martim Moniz. Boucle complète en 20mn.
nº 15E (Praça da Figueira/Algés) : dessert les sites le long du Tage, de la praça do Comércio à Belém : docks, musée Carris, musée de l'Orient, musée des Carrosses, MAAT, monastère des Hiéronymites, monument des Découvertes, tour de Belém.
nº 28E (Martim Moniz/Campo de Ourique-Prazeres) : quartier de Graça, église de São Vicente de Fora, musée des Arts décoratifs, château São Jorge, Sé (cathédrale), Baixa, musée du Chiado, largo do Chiado, rue de São Bento, basilique d'Estrela.

Les trois autres lignes, avec wagons modernes ou anciens, permettent une approche moins touristique de la ville :
nº 18E : Cais do Sodré, Santos, Alcântara-Mar, Ajuda.
nº 24E : Praça Luis Camões (Chiado), Rato, Campolide (entre Sete Rios et Praça de Espanha).
nº 25E : Campo de Ourique (Cimetière de Prazeres), Estrela, Lapa, Santos, Praça do Comércio, Rua da Alfândega.

Ascensores (funiculaires)

Tout aussi pittoresques que les tramways, les funiculaires sont des petits wagons jaunes à crémaillère faisant office de remonte-pentes sur les collines : *ascensor* Bica : R. de S. Paulo/Largo do Calhariz ; *ascensor* Glória : Restauradores/São Pedro de Alcântara ; *ascensor* Lavra : Largo da Anunciação/R. da Câmara Pestana.

Elevadores (ascenseurs)

Outre l'ascenseur historique de Santa Justa, payant *(☛ p. 22)*, quatre ascenseurs gratuits facilitent l'accès au château St-Georges *(Elevador do Castelo - 8h-21h - R. dos Fanqueiros, 176/R. da Madalena, 147-155, puis ascenseur panoramique Calçada do Marquês de Tancos, 1/Largo Chão do Loureiro, 3)*, à la cathédrale *(Elevador da Sé - 8h-21h - R. Afonso de Albuquerque/Cruzes da Sé)* et au belvédère Santa Luzia *(Elevador de Santa Luzia - 7h-21h - R. Norberto de Araújo, 25/miradouro)*.
Un escalier mécanique *(Praça Martim Moniz/R. Marquês Ponte de Lima, près du château)* facilite l'ascension du quartier pentu de la Mouraria.

Métro

Propre, rapide et moderne, le réseau comprend 4 lignes : Azul (bleue : Santa Apolónia/Reboleira), Amarela (jaune : Rato/Odivelas), Verde (verte : Cais do Sodré/Telheiras) et Vermelha (rouge : São Sebastião/Aeroporto). Certaines stations sont décorées d'azulejos signés par des artistes célèbres *(☛ p. 141)*.

Autocarros (autobus)

Utilisez l'**application mobile Carris** pour planifier vos itinéraires.
Principales lignes :
nº 781 (Prior Velho/Cais do Sodré) ;
nº 783 (Prior Velho/Portela/Amoreiras) ;
nº 746 (Marquês Pombal/Damaia) ;

n° 758 (Cais do Sodré/Sete Rios/ Portas Benfica) ;
n° 714 (Praça da Figueira/Outurela) pour rejoindre le Museu de Arte Antiga et Belém ;
n° 728 (Restelo/Portela), qui longe le Tage entre Bélem et le Parc des Nations.
« Arriver à Lisbonne » p. 3 et plan des transports au dos du plan détachable.

Comboios (trains)

Dans les proches environs de Lisbonne, Estoril, Cascais et Sintra sont facilement et rapidement accessibles en train. Pour ces destinations, on peut monter à bord gratuitement avec la Lisboa Card *(p. 125)* ou pour le prix d'un ticket de métro avec le pass Navegante ocasional. **Infos** – 808 109 110 - www.cp.pt
Estação do Cais do Sodré – Trains pour Estoril et Cascais ttes les 20mn - 5h30-1h30 - trajet 35/40mn.
Estação do Rossio – Pour la côte ouest et Sintra - ttes les 10 à 20mn - 5h40-1h - trajet 40/50mn.

Vélos et trottinettes

Vous trouverez partout des stations de vélos à louer **Gira** *(www.gira-bicicletasdelisboa.pt)*. Téléchargez l'application mobile Gira pour acquérir le pass *(2 €/24h, puis 2 €/45mn)*. L'appli permet de localiser et de débloquer les vélos.
Pour **louer une trottinette** : téléchargez sur votre smartphone l'appli de l'une des nombreuses start-up dédiées, comme **Bolt** ou **Bird** *(0,15 à 0,20 €/mn)*. Pratique pour arpenter les quartiers étendus, comme Belém ou le Parc des Nations.

Visites guidées

En bus ou en tramway

YellowBus – *Praça do Comércio et Praça da Figueira - www.yellowbustours.com.* Différentes formules : **Belém Lisbon Tour** en bus panoramique dans le centre historique et Belém *(21 €)* ; **Modern Lisbon Tour**, incluant aussi le Parc des Nations *(27 €)* ; **Hills Tramcar Tour**, en tramway ancien, *via* l'Alfama, le Chiado et le Bairro Alto *(25 €)*. Rens. dans les offices de tourisme et en ligne.

Croisières sur le Tage

D'avr. à oct., plusieurs compagnies proposent des croisières au départ des stations fluviales de Terreiro do Paço (face à la praça do Comércio), Cais do Sodré, Belém et Alcântara. Les liaisons régulières sont opérées par la Transtejo *(ttsl.pt - accès avec le pass Navegante ocasional)*.
Cruzeiros Tejo – *cruzeirostejo.com*. Différentes formules à bord de bateaux à moteur ou à voile.
Hippotrip – *www.hippotrip.com*. Balade en bus amphibie au départ des docks de Santo Amaro.
Yellow Boat River Tour – *www.yellowbustours.com*. Plusieurs formules (22/36 €) entre Belém et le Parc des Nations.

En tuk-tuk

Les triporteurs, qui ont envahi les rues, connaissent un franc succès.
Eco Tuk Tours – 910 802 000 - www.ecotuktours.com. Circuits et balades à bord de triporteurs électriques.

Agenda culturel

L'office de tourisme publie un mensuel gratuit, l'**Agenda cultural Lisboa**, qui recense les expos, concerts, spectacles et autres événements culturels dans la capitale. En ligne, consultez **www.visitlisboa.com/fr/evenements**, **www.agendalx.pt** ou **www.culturanarua.pt**.

Rendez-vous annuels

Février-mars

▶**Carnaval** – Défilé dans la Baixa ; le Mardi gras (Terça-feira Gorda), des nuées d'enfants déguisés arpentent la ville en quête de sucreries (6 j., période précédant le mercredi des Cendres).

Mars

▶**Maratona de Lisboa** – De Cascais à Lisbonne en suivant les rives du Tage, semi-marathon de printemps. www.maratonaclubedeportugal.com

▶**ModaLisboa** – Salon de la mode de Lisbonne, faire-valoir de la création portugaise sur la scène internationale. Rendez-vous bisannuel (mars et oct.). www.modalisboa.pt

Mars-avril

▶**Semana Santa** – Festivités religieuses, avec une procession pascale dans le Bairro Alto.

Avril

▶**Dia da Liberdade** *(Fête de la Liberté)* – Défilés militaires et commémorations officielles marquant la chute du régime de Salazar, en 1974 (25 avril).

Avril-mai

▶**IndieLisboa** – Grand festival du cinéma indépendant (fiction, animation, documentaire, court métrage). indielisboa.com

Mai

▶**Festival Jardins Abertos** *(Jardins ouverts)* – Découverte de jardins publics ou privés dans la capitale (2 derniers w.-ends du mois). www.jardinsabertos.com

▶**JUSTLX** – Une foire de l'art contemporain pour découvrir, durant 4 j., jeunes talents et artistes émergents. justlx.pt

▶**ARCOlisboa** - Artistes, galeristes et collectionneurs se retrouvent pour cette foire internationale d'art contemporain. www.ifema.es/en/arco/lisboa

Mai-juin

▶**Festival Internacional de Marionetas e Formas Animadas** – Pendant 3 semaines, spectacles, documentaires et expositions répartis entre le musée de la Marionnette, le Palácio Pimenta, la Cinemateca Portuguesa et les théâtres de la ville. www.tarumba.pt

▶**Feira do Livro** *(Foire du Livre)* – Dans les allées du parc Eduardo VII, l'un des temps forts de la vie culturelle lisboète, et le plus grand événement littéraire portugais. feiradolivrodelisboa.pt

Juin

▶**Dia de Portugal** *(Fête nationale)* – Le 10 juin, elle commémore le décès du poète Camões, en 1580.

▶**Festas de Lisboa** *(Fêtes de Lisbonne)* – Nombreuses manifestations dans divers lieux et dans les transports en commun, notamment la fête du Fado. Spectacles en costumes médiévaux dans le château, soirées musicales, et le fameux concours de sardines.

▶**Festas dos Santos Populares** *(Fêtes des Saints populaires)* – Animations de rue dans les vieux quartiers (Alfama, Mouraria, Bairro Alto). Défilés *(marchas populares)* sur l'av. da Llberdade (12-29 juin ; point d'orgue le 13 juin, avec la fête de Santo António).

▶**Dia da Música** *(Fête de la musique)* – Concerts dans le Chiado et « marathon » de musique classique (21 juin).

▶**Feira Internacional de Artesanato de Lisboa** – La **FIA** rassemble au parc des Nations plus de 500 participants venus d'une quarantaine de pays.

Été

▶**FIARTIL, Feira Internacional de Artesanato do Estoril** *(Foire internationale des artisans)* À Estoril, avec toutes les régions portugaises représentées, ainsi que des artisans du monde entier (début juil. à début sept.). www.facebook.com/feiradeartesanatodoestoril

Juillet

▶**Festival de Almada** – Théâtre et spectacles de rue à Almada, sur l'autre rive du Tage, face à Lisbonne (1re quinz. de juil.). festival.ctalmada.pt

Août

▶**Jazz em Agosto** – À la fondation Gulbenkian, avec des musiciens renommés et les dernières tendances du jazz contemporain. gulbenkian.pt/jazzemagosto

Août-septembre

▶**Lisboa na rua** – Musique, danse et cinéma en plein air dans divers lieux et jardins de la capitale (mi-août à mi-sept.).

Septembre

▶**Santa Casa Alfama** – Festival de fado mettant en scène les *fadistas* les plus réputés. santacasaalfama.com

Octobre

▶**Doclisboa** – Festival international du documentaire de Lisbonne. Projections au Culturgest, à la cinémathèque, au cinéma São Jorge et dans diverses salles. doclisboa.org

Jon Arnold Images/hemis.fr

Sardines grillées lors des fêtes populaires de Santo Antonio dans l'Alfama.

▶Maratona de Lisboa – Le semi-marathon d'automne se court au départ du pont Vasco de Gama. running-portugal.com/lisbon/marathon/fr/home.html

Novembre

▶Alkantara Festival – Deux semaines dédiées aux arts performatifs (danse, théâtre, concerts...) dans l'Espaço Alkantara (Calçada Marquês Abrantes 99, Santos). alkantara.pt

▶Olhares do Mediterrâneo – Cinema no Feminino *(Regards méditerranéens - Cinéma au féminin)* – Films de réalisatrices venant de différents pays méditerranéens ou travaillant sur cette région. Au cinéma São Jorge, av. da Liberdade. www.olharesdomediterraneo.org

Décembre

▶Noite na véspera do Ano Novo *(nuit de la Saint-Sylvestre)* – Lisbonne fête la nouvelle année avec faste : concerts et animations dans toute la ville, feu d'artifice en face du fleuve.

Expos temporaires

Les sites Internet des principaux musées présentent les programmes des expositions à venir. Mieux vaut acheter ses billets à l'avance pour éviter d'interminables queues.

- **Centre culturel de Belém** www.ccb.pt
- **Culturgest** www.culturgest.pt
- **Musée d'Art ancien** www.museudearteantiga.pt
- **Musée d'Art, d'Architecture et de Technologie** www.maat.pt
- **Musée Calouste-Gulbenkian** gulbenkian.pt
- **Musée du Chiado** www.museuartecontemporanea.gov.pt
- **Musée de la Marionnette** www.museudamarioneta.pt
- **Musée de la Mode et du Design** *(fermé temporairement)* www.mude.pt
- **Musée de l'Orient** www.foriente.pt

Le calendrier de l'office de tourisme, **www.visitlisboa.com** *(en français)*, fourmille aussi d'informations.

En 2024-2025

▶Rock in Rio – 22-23 et 29-30 juin 2024, au parque Bela Vista ou au parque Tejo. Ce grand festival international de rock se produit tous les deux ans, avec des pointures à l'affiche. Il fête ses 20 ans en 2024. rockinriolisboa.sapo.pt

▶EuroPride – 14-22 juin 2025. Le Portugal accueille pour la première fois cette grande marche européenne des fiertés LGBTQIA+ . www.trienaldelisboa.com

▶Bienal de Artes e Antiguidades (LAAF) – 8-10 j. en avril-mai, années impaires, Cordoaria Nacional de Belém.

▶Trienal de Arquitectura de Lisboa – sept.-déc. 2025. L'un des principaux festivals d'architecture au monde tient sa 7e édition. Expositions, remises de prix, conférences. www.trienaldelisboa.com

REPÉREZ-VOUS, MÊME SOUS LA PLUIE
AVEC NOS PLANS DE VILLE PLASTIFIÉS !
MICHELIN
LONDRES
PLAN DE VILLE
PLASTIFIÉ
Sélection touristique LE GUIDE VERT
PARIS
PLASTIFIÉ
NEW YORK
PLASTIFIÉ
ROME
PLASTIFIÉ
DÉCOUVREZ LE PLAN DE VOTRE PROCHAINE DESTINATION
AMSTERDAM • BANGKOK • BUDAPEST • ISTANBUL/ISTAMBUL • LISBONNE • LONDRES • MOSCOU • NAPLES • NEW YORK • PARIS • ROME • SHANGHAI • TOKYO • VENISE
MICHELIN

CABO DA BOA ESPERANÇA

POUR EN SAVOIR PLUS

Au pied du monument des Découvertes (Belém).
karnizz/Getty Images Plus

Lisbonne en quelques dates

1200 av. J.-C. – Fondation du comptoir phénicien Alissubo, future Lisbonne.
147-139 av. J.-C. – Invasion romaine.
711 – Début de la conquête arabe.
1140 – Alphonse Henriques, premier roi du Portugal.
1250 – Fin de la Reconquête.
1256 – Lisbonne devient **capitale**.
1297 – Traité d'Alcanizes, fixant les frontières du Portugal.
1415 – Prise de Ceuta (Maroc). Début de l'**âge d'or** pour Lisbonne.
1418 – Découverte de Madère.
1427 – Découverte des Açores.
1488 – Bartolomeu Dias double le cap de Bonne-Espérance.
1498 – **Vasco de Gama** atteint les Indes.
1500 – P. Á. Cabral découvre le Brésil.
1580 – Philippe II d'Espagne, roi du Portugal.
1668 – L'Espagne reconnaît l'**indépendance du Portugal**.
1750 – Couronnement de Joseph Ier.
1755 – **Séisme** à Lisbonne. Le marquis de **Pombal** mène la reconstruction.
1807-1810 – Invasions napoléoniennes, exil de la Cour au Brésil.
1820 – Révolution libérale.
1822 – Indépendance du Brésil.
1834 – Marie II, reine du Portugal; début de la monarchie libérale.
1908 – Assassinat de Charles Ier et de son fils aîné.
1910 – Proclamation de la république.
1926 – Coup d'État militaire; le général Carmona nommé président par la junte.
1932 – Salazar, président du Conseil.
1933 – Constitution de l'*Estado Novo*.
1949 – Le Portugal, membre fondateur de l'Otan.
1961 – Début des guerres coloniales.
1974 – **Révolution des Œillets**.
1975 – Indépendance du Cap-Vert, de l'Angola, du Mozambique et de São Tomé. Lisbonne doit accueillir des centaines de milliers de *retornados*.
1986 – Mário Soares, 1er président civil de la République depuis 1926; le Portugal adhère à la CEE.
1994 – Lisbonne élue Capitale européenne de la culture.
1996 – Jorge Sampaio, président de la République.
1998 – **Expo'98** à Lisbonne.
1999 – Macao rétrocédé à la Chine.
2006 – Aníbal Cavaco Silva, président de la République.
2007 – Traité de Lisbonne.
2011 – Plan d'austérité.
2015 – Antonio Costa, Premier ministre, dirige un gouvernement de coalition des partis de gauche.
2016 – Création du MAAT.
2020 – Lisbonne, Capitale verte de l'Europe.
2021 – Marcelo Rebelo de Sousa, président de la République depuis 2016, est réélu pour un second mandat.
2022 – Mort de la peintre Paula Rego.
2023 – Lisbonne accueille les Journées mondiales de la jeunesse en août.
2024 – Restructuration du plan du métro, ouverture de nouvelles stations.

Une capitale écologique

En 2020, Lisbonne est désignée **Capitale verte de l'Europe**, un titre attribué depuis 2010 par la Commission européenne aux villes engagées dans la préservation de l'environnement et le développement durable.

Objectif : émission zéro carbone

La ville a pris toute une série de mesures pour protéger l'environnement et améliorer la qualité de vie des habitants, à commencer par la **piétonnisation** du centre (Baixa), ainsi que l'extension et la modernisation du réseau de transports en commun. Afin de limiter la circulation automobile (370 000 voitures/jour !), les moyens de transport partagés ont été encouragés (vélos et trottinettes en libre-service, autos électriques, etc.). Les économies d'énergie, une meilleure gestion de l'eau (création de bassins de rétention), un recyclage poussé des déchets avec abandon des plastiques, ou la subvention à l'éco-habitat, figurent aussi au cahier des charges. Objectif : atteindre l'absence d'émission carbone à l'horizon 2050 !

Chantiers au long cours

De grands chantiers urbanistiques sont en train de bouleverser le visage de la ville. À l'humanisation du quartier d'affaires d'**Entrecampos**, doté d'espaces verts et d'habitations favorisant la mixité sociale, s'ajoute la végétalisation de la **praça de Espanha**, carrefour routier essentiel transformé en un vaste parc urbain, planté de grands arbres et strié de couloirs d'eau, relié à terme au jardin de la fondation Gulbenkian. Des projets au long cours, que complètent, pêle-mêle, la création d'une piscine alimentée par l'eau du Tage près de la marina du Parque das Nações, et la poursuite de la réhabilitation des rives du Tage : après la promenade aménagée Ribeira das Naus jusqu'à Cais do Sodré en aval, le **Campo das Cebolas**, en amont de la praça do Comércio, bénéficie d'une cure de jouvence. Citons aussi l'embellissement des squares, parcs et *miradouros*, et l'aménagement de grands espaces verts, à l'instar du **Parque Ribeirinho Oriente**, entre Braço de Prata et Marvila.

Écosystème et biodiversité

En dehors du plan en faveur de la préservation de la biodiversité du **parc de Monsanto** et de la bonification de l'**écosystème de l'estuaire du Tage**, le projet appelé à connaître le plus grand retentissement reste la création d'un « couloir vert » dans le **vallon d'Alcântara**. Strié de sentiers pédestres et cyclistes, relié aux transports en commun, il assurera la jonction entre le parc de Monsanto et les rives du Tage, modifiant profondément la future image de la capitale portugaise.

Le Tage, « la mer de Paille »

On l'appelle « la mer de Paille » en raison de ses reflets mordorés, le soir, au coucher du soleil. C'est dire si le Tage donne du cachet à Lisbonne. Les collines ménagent sur le fleuve des panoramas à couper le souffle.

L'histoire née du fleuve

La ville a toujours entretenu un lien étroit avec le Tage. Tout au long des 15e et 16e s., le fabuleux destin de la capitale portugaise s'est joué le long des quais de Belém. Ce quartier verdoyant et aéré, où il fait bon flâner aujourd'hui, fut le port d'attache des caravelles que d'intrépides **navigateurs** lançaient sur des mers inconnues. Et c'est à eux que le Portugal doit d'avoir conservé pendant plus d'un siècle le rang de nation parmi les plus puissantes au monde. Belém conserve le souvenir des Grandes Découvertes, avec une série de monuments et de musées évoquant ce passé prestigieux.

Un port dynamique

Aujourd'hui encore, Lisbonne doit une partie de sa vitalité économique au Tage. Le fleuve offre aux bateaux et grands navires une halte tranquille et sûre, qui fait de la ville l'un des grands ports européens (10 millions de tonnes, 500 000 passagers par an). Le dynamisme économique remonte le long du fleuve, sur ses deux rives, jusqu'à Alcochète (au nord-est de Lisbonne), l'une des plus importantes réserves naturelles en Europe, où nichent de nombreux oiseaux migrateurs. L'estuaire du Tage, le plus étendu d'Europe, s'étire ici sur 11 km de large.

Le nouveau Tage

Lisbonne, fille du Tage, dessine aussi son renouveau sur les rives du fleuve. De nombreuses **réalisations contemporaines** émaillent ses berges : le centre culturel de Belém et, non loin, l'avant-gardiste MAAT, ou le musée de l'Orient à Alcântara.
Les **pôles d'animation** s'y succèdent aussi : les docks de Santo Amaro et d'Alcântara, la LX Factory, puis l'ancien quartier sulfureux de Cais do Sodré, devenu l'épicentre de la nuit lisboète. De part et d'autre de la praça do Comércio, la **réhabilitation des berges** a ouvert des lieux de promenade très appréciés qui se prolongent en aval jusqu'à Belém et peu à peu, en amont, jusqu'à la nouvelle gare maritime voisine de Santa Apolónia, où accostent d'immenses bateaux de croisière. Plus en amont encore, le quartier en plein essor de **Marvila** attire noctambules et artistes, tandis qu'au-delà s'étend le Parc des Nations, créé à la faveur de l'Expo'98 et prisé le week-end des joggers et des familles.

Le pont Vasco de Gama.

Azulejos et calçada portuguesa

Les azulejos

Toujours très utilisés en décoration, les azulejos, dont l'origine remonte au 15e s., constituent une sorte de peinture-tapisserie sur carreaux de faïence vernissée. Bien qu'ils soient en majorité bleu et blanc, leur nom ne viendrait pas de *azul* (« bleu » en portugais) mais plutôt de l'arabe *al zulaycha*, qui désigne un morceau de terre cuite et lisse.

À l'origine était l'Andalousie

S'ils font désormais partie du domaine architectural portugais, les premiers azulejos venaient d'Andalousie, où ils décoraient les palais. Ils sont introduits au Portugal par le roi Manuel Ier, qui, revenu ébloui par l'Alhambra de Grenade, fait décorer son palais de Sintra de ces riches carreaux. À partir du 16e s., l'Italien Francesco Nicoloso introduit la technique de la **majolique** (la terre cuite est recouverte d'une couche d'émail blanc sur laquelle se fixent les pigments). Les azulejos deviennent un support répandu, un format « standard » est adopté : le carreau fait 14 cm de côté. Des ateliers s'ouvrent à Lisbonne.

L'évolution stylistique

Vers le milieu du 16e s., l'**influence flamande** supplante les modèles espagnols avec des panneaux plus complexes utilisant des motifs comme la pointe de diamant.

Au **17e s.**, sous la domination espagnole, le Portugal entre dans une période d'**austérité**. Pour décorer sans trop de frais les murs des églises, on utilise de simples carreaux monochromes disposés géométriquement. Ces compositions vont évoluer jusqu'à donner le style *tapete* (tapis) évoquant les tentures orientales par leurs motifs géométriques ou floraux reproduits à partir de modules de 4, 16 ou 36 carreaux. L'indépendance retrouvée s'accompagne d'un **essor créatif** dans la seconde moitié du 17e s. On revient aux panneaux figuratifs : scènes mythologiques, « singeries » caricaturant les scènes de mœurs contemporaines. Les jaunes et bleus traditionnels sont relevés par le vert du cuivre et le violet du manganèse : très beaux exemples au palais des marquis de Fronteira (*p. 78*).

Le **18e s.** se divise schématiquement en deux périodes. Dans la première moitié du siècle, sous l'influence des **porcelaines chinoises** ramenées d'Orient par les navigateurs, les azulejos sont presque exclusivement bleu et blanc. La seconde moitié du 18e s. est marquée par le **style rocaille**. On revient à la polychromie : le jaune, le marron et le violet dominent ; la peinture se fait plus fine. De beaux exemples illustrent ce style au palais national de Queluz, en particulier le long du canal (*p. 80*).

Au **19**e **s**., des Portugais partis faire fortune au Brésil reviennent dans leur pays et couvrent les murs extérieurs de leurs maisons d'azulejos. Cette pratique était courante au Brésil, où l'on protégeait ainsi les façades des fortes pluies tropicales. Petit à petit, des rues entières, des façades d'églises se couvrent de petits carreaux de faïence produits de façon industrielle. L'azulejo devient aussi l'un des principaux éléments de décoration des magasins, des marchés et des gares, avec des sujets se rapportant au commerce, aux traditions ou à l'histoire.

L'azulejo contemporain

Dans les années 1940 et 1950, l'azulejo retrouve un certain prestige. Parmi les artistes qui l'utilisent, citons Manuel Cargaleiro, Querubim Lapa, Rolando Sá Nogueira, Carlos Botelho et Maria Keil. Les azulejos, présentés sous forme de grandes fresques géométriques, de frises recouvrant les façades, sont partie prenante de l'architecture générale et intégrés à elle. Pour l'Expo'98, l'Américain Ivan Chermayeff conçoit une grande fresque murale dans l'**Océanarium** du Parc des Nations : composée d'azulejos de type industriel, elle figure de grands animaux marins traités numériquement.

Depuis 1987, la décoration en azulejos du **métro lisboète** a été confiée à des artistes célèbres : Vieira da Silva (station Cidade Universitária), Álvaro Siza Vieira (station Baixa-Chiado), Menez (station Marquês de Pombal, retraçant le 18e s. portugais). À la station Alto dos Moinhos, Júlio Pomar évoque la vie de trois célèbres poètes portugais – Luís de Camões, Fernando Pessoa et Bocage – et du peintre Almada Negreiros. Eduardo Nery, célèbre pour son art urbain, est l'auteur de la fresque de la station Campo Grande, où il fragmente l'image d'un homme et d'une femme, produisant un effet d'animation.

Le **Museu Nacional do Azulejo** (*p. 64*) dresse un panorama complet de l'évolution de cet art.

La calçada portuguesa

Baissez les yeux vers le sol et vous découvrirez la *calçada portuguesa* : constitués de petits cubes de calcaire blanc et de basalte noir, ces pavements composent une véritable marqueterie de pierre. Le répertoire des frises est inépuisable : figures marines, armes de la ville, symboles historiques, dessins géométriques et même parfois logos commerciaux. Disposés le long des trottoirs, sur les places et les belvédères comme sur le pas d'une porte, ils sont un peu le pendant horizontal des azulejos. La nuit, leur surface blanche et réfléchissante scintille. On les retrouve à Lisbonne et dans toutes les autres cités du pays, mais aussi à l'autre bout du monde, partout où les Portugais ont laissé une trace de leur passage, du Brésil à Macao en passant par le Mozambique. Ce tapis de mosaïque est à lui seul une invitation à la marche. Mais gare à ne pas glisser par temps de pluie...

Architecture et urbanisme

Une identité réelle

Lisbonne s'étage en amphithéâtre sur **sept collines**, offrant maintes vues dégagées. Les constructions dépassent rarement quelques étages et, de partout ou presque, on voit le ciel sans même lever la tête : des perspectives surgissent, qui plongent vers le **Tage** ou surplombent les toitures. Pas facile pourtant de comprendre la physionomie de cette ville tout en dédales et en vallons. D'autant que le vieux Lisbonne compte peu de grands monuments : on rencontre surtout des églises baroques et des édifices des 18e et 19e s. aux tons pastel ou recouverts d'azulejos. Il est donc plus aisé de se repérer par rapport au fleuve et en fonction du relief.

Comptoir phénicien fondé vers 1200 av. J.-C. sous le nom d'Alissubo, Lisbonne s'enorgueillit d'être l'une des plus anciennes cités d'Europe. La légende, elle, raconte que la ville aurait été créée par **Ulysse** après qu'il eut quitté Troie, ce qu'évoquerait son nom grec, **Olissipo**.

Si l'Antiquité et le Moyen Âge ont laissé peu de témoignages (la plupart furent rayés de la carte par le tremblement de terre de 1755), l'ancien port d'attache des navigateurs du temps des Grandes Découvertes conserve, avec fierté et nostalgie, le souvenir de ses épopées ultramarines et de ses lointaines colonies.

L'architecture à Lisbonne, comme dans l'ensemble du Portugal, présente une réelle originalité. Ouverte à diverses **influences** – françaises, flamandes et italiennes, mais aussi orientales grâce aux découvertes maritimes –, elle s'est nourrie de toutes pour s'exprimer de manière unique. Loin de s'arc-bouter sur son passé, aussi prestigieux soit-il, elle illustre les tendances les plus contemporaines de chaque époque.

Architecture romane et gothique

Le Portugal naît en 1140. L'architecture romane, qu'inspirent les ordres monastiques français de Cluny et de Cîteaux, se propage alors le long des chemins de St-Jacques-de-Compostelle, et, au-delà, jusqu'au tout jeune royaume portugais, recroquevillé dans les provinces du Nord. Là, le processus de reconquête coïncide avec une expansion religieuse et artistique qui s'exerce sous la bannière de l'art roman, lequel devient le symbole d'un royaume se construisant contre les Maures. La fin de la Reconquête, que marque la prise définitive de l'Algarve en 1249, signe la fin de l'architecture romane ; elle laisse en héritage quelque deux cents églises et monastères, localisés principalement dans le nord du pays.

L'art gothique se développe à la fin du 13e s. avec l'éclosion de grands monastères dans les régions calcaires, parmi lesquelles Lisbonne. Le monastère d'Alcobaça (à 100 km au nord de Lisbonne), reflet de l'ancienne abbaye de Clairvaux en France, a servi

Monastère des Hiéronymites.

de modèle pour le cloître cistercien (14ᵉ s.) de la cathédrale lisboète.

Le style manuélin

C'est la création la plus originale de l'architecture portugaise, une évolution tardive du gothique qui fait la transition avec la Renaissance. Le terme, inventé au 19ᵉ s., désigne le style exubérant qui s'épanouit à l'époque glorieuse et prospère des **Grandes Découvertes**, sous les règnes de Jean II, Manuel Iᵉʳ et Jean III. Le manuélin concerne davantage la décoration que la structure des édifices, laquelle reste apparentée au gothique. Il puise son inspiration dans les motifs végétaux et animaliers, certains rapportés d'Asie et d'Extrême-Orient, ou bien dans l'univers de la marine. Les fenêtres, les portes, les rosaces, les balustrades se couvrent de sculptures représentant des feuilles de laurier, chardons, artichauts, troncs de palmiers, coraux, algues, chaînes, cordages, écailles... Ce style est l'œuvre de quatre grands maîtres, dont les travaux s'échelonnent de 1490 à 1547. On doit à **Diego Boytac**, d'origine française, le grand monastère des Hiéronymites, à Belém, qui commémore la découverte de la route maritime des Indes orientales. C'est sans doute l'une de ses plus grandes œuvres. Le cloître, notamment, est considéré comme le plus beau du monde. Les autres figures de l'architecture manuéline sont **Mateus Fernandes** (il a accompli toute sa carrière à Batalha), **Diego de Arruda** (l'artiste le plus original de cette période fastueuse, auquel on doit, entre autres, le couvent du Christ à Tomar) et enfin son frère, **Francisco de Arruda**, un architecte militaire qui édifia la tour de Belém.

La Renaissance

La Renaissance conserve au Portugal ses traits essentiels, venus d'Italie et de France. Elle s'épanouit dans la sculpture, sous l'impulsion d'artistes français. Parmi eux, dans son style resté fidèle aux principes de la Renaissance italienne, **Nicolas Chantereine** se charge de la décoration du portail ouest du monastère des Hiéronymites à Belém (*p. 44*), avant de devenir le principal sculpteur de l'école de Coimbra.

L'art baroque

Le style baroque doit son nom au mot portugais *barroco*, qui désigne une perle irrégulière. Il correspond, dans le domaine de l'art, à l'esprit de la Contre-Réforme qui, aux 16ᵉ et 17ᵉ s., oppose à l'austérité protestante les séductions d'un art fastueux et populaire au service de la foi catholique. Dès la fin du 18ᵉ s., les façades s'animent de festons, de figures d'anges et de jeux de courbes. **João Antunes** prône l'adoption du plan octogonal pour les édifices religieux (*Santa Engrácia, p. 63*). Mais le véritable baroque portugais s'est surtout développé dans le nord du pays, à Braga et à Porto.

Le style pombalin

Il est né d'une catastrophe, le terrible séisme de 1755. Le chantier de reconstruction débute rapidement. La Baixa (la « ville basse », aussi surnommée « centre pombalin »), est édifiée suivant un plan en damier imposé par le **marquis de Pombal**, alors Premier ministre. Celui-ci applique à l'urbanisme les théories rationalistes des Lumières, dont la Baixa se fait l'exemple type : quartier allongé en rectangle entre deux grandes places, bâtiments réguliers de style classique impeccablement alignés, larges avenues rectilignes, implantation de corporations (dont les rues ont conservé les noms)... Avec son indéniable majesté, la Baixa devient l'idéal urbanistique de l'Europe des Lumières. La réhabilitation du quartier, dans les années 2010, a souligné sa proximité avec le Tage.

Le renouveau

À la fin du 20e s., un chantier de grande envergure modifie de nouveau sensiblement le visage de la cité. Cette fois, il s'agit de tenir le rang de ville d'accueil de l'exposition universelle, l'**Expo'98**, qui célèbre le 500e anniversaire de l'ouverture de la route maritime des Indes par Vasco de Gama. Le **Parc des Nations** désigne une zone réhabilitée de 340 ha en bordure du Tage, un ancien site industriel très pollué et laissé à l'abandon. Une vingtaine d'années plus tard, des immeubles résidentiels continuent d'être construits et les pavillons édifiés pour l'Expo'98 accueillent foires, spectacles et congrès. Doté de restaurants et d'un vaste centre commercial dédié à Vasco de Gama, le site est devenu un lieu de promenade et de loisirs apprécié le week-end (☛ *p. 68*).
Depuis, Lisbonne poursuit sa rénovation. Après l'inauguration du **pont Vasco de Gama** (1998), le plus long d'Europe jusqu'en 2018 (17 km), la rénovation du **quartier des docks**, et la réhabilitation des rives du Tage toujours en cours, elle a vu la construction du stade de la Luz (2003), puis du **MAAT** (2016), édifice tout en courbes construit à Belém pour accueillir de grandes expositions d'art contemporain. Dans les années 2020, la préoccupation écologique préside aux nouveaux projets, avec la multiplication des **jardins verticaux**.
Pourtant, une partie du patrimoine architectural de la vieille ville frappe par son état de délabrement. Les causes ? Le blocage des loyers dissuadant nombre de propriétaires d'effectuer des travaux de restauration, le manque de moyens de la municipalité, la défaillance de l'État enfin, qui préfère installer ses services dans du neuf plutôt que de rénover de vieux bâtiments... Promoteurs et investisseurs convoitant ces beautés à l'abandon ont eu les mains libres pour transformer immeubles anciens ou vénérables palais en infrastructures hôtelières ou en résidence de luxe. Le centre de Lisbonne, jadis populaire, n'a ainsi pu échapper à la **gentrification** qu'ont connue les autres capitales européennes.

Art contemporain, mode et design

L'art nouvelle génération

Signe fort de l'actuelle créativité, Lisbonne compte un nombre considérable de galeries d'art. Parmi les artistes qui ont marqué l'époque, **Julião Sarmento** (1948-2021) qui explorait depuis 1974 les ressorts et la manifestation du désir, questionnant la divergence entre expérience et mémoire. Ses œuvres mêlent plusieurs techniques : peinture, photographie, sculpture et vidéo. Hanté par l'architecture, **Pedro Cabrita Reis** (né en 1956) crée à partir de matériaux de récupération des édifices conçus comme des « réceptacles de mémoire ». Il a représenté le Portugal à la Biennale de Venise en 2003. **Rui Chafes** (né en 1966) est l'auteur de sculptures austères, entre gris et noir, qui inspirent le recueillement.

Capitale de la mode

Chaque année depuis 1991, en mars et octobre, **ModaLisboa** (*p. 130*) hisse la cité portugaise au rang des capitales de la haute couture. La manifestation permet aussi aux créateurs portugais déjà reconnus dans leur pays d'acquérir une crédibilité internationale. Figure incontournable de la mode portugaise, la pionnière **Ana Salazar** a ouvert son premier atelier à Lisbonne en 1974, l'année de la révolution des Œillets. Dans les années 1980, ses collections représentent le Portugal sur les podiums les plus prestigieux, et ses vêtements sont commercialisés dans le monde entier. Parmi les autres stylistes portugais consacrés sur la scène internationale : **José Antonio Tenente** (qui a débuté chez Ana Salazar), **Fátima Lopes** (aussi diversifiée que son illustre aînée), **Maria Gambina** (autre valeur sûre de la mode lisboète) ou **Felipe Oliveira Baptista** (directeur artistique de Lacoste jusqu'en 2014, directeur créatif chez Kenzo de 2019 à 2021). Le Bairro Alto constitue le repaire des futurs talents de la mode lisboète, qui y ouvrent souvent leurs premières boutiques.

Un design dynamique

Ultime preuve de la vitalité lisboète, le design portugais est florissant. Santos, près du Tage, est devenu le quartier du design avec ses écoles et ses commerces dédiés. Même le McDonald's est ici très looké ! Outre les nombreuses boutiques spécialisées, les passionnés ne manqueront pas le **musée du Design et de la Mode** (MUDE), dont on attend la réouverture prochaine après une profonde restructuration.

Menos Arte (2005), sculpture en fer peint de Rui Chafes (280 x 247 x 304 cm). Museu Coleção Berardo

Une société en mutation

L'« européanisation » a entraîné d'importants changements sociaux et de nouveaux modes de vie à Lisbonne. On y retrouve aujourd'hui des habitudes de consommation et des problématiques sociales similaires à celles des autres grandes villes européennes. Toutefois, Lisbonne conserve une identité et un visage particuliers. Elle a su demeurer une ville de « villages », dont les habitants entretiennent encore des relations de proximité et d'entraide.

Une économie fragile

Figé par 40 ans de dictature, le pays s'est métamorphosé à toute allure après la révolution des Œillets, en 1974, et au lendemain de son entrée dans la CEE, en 1986. Cependant, les salaires restent bas et, malgré l'augmentation globale du niveau de vie, de nombreux Lisboètes éprouvent des difficultés face à la hausse du coût de la vie. Le pays a été l'un des plus durement touchés par la crise de 2008. En 2011, le Premier ministre José Sócrates a dû faire appel à l'aide internationale (UE et FMI). Après plusieurs années de crise aiguë et leur lot de plans d'austérité inefficaces, le gouvernement a décidé de laisser filer le déficit et de parier sur la relance, au grand dam de Bruxelles. La croissance est revenue et le chômage a fortement décru à partir de 2017. Mais la crise liée à la pandémie de Covid-19, bientôt suivie par la flambée mondiale des prix (carburant, énergie, blé) en 2022, ont plongé dans la précarité des milliers de Lisboètes.

Flux migratoires

Traditionnelle terre d'émigration, Lisbonne a accueilli au 21e s. de nombreux immigrés, notamment d'Europe centrale et orientale. Beaucoup travaillent dans le secteur du BTP, resté dynamique. Ils ont ainsi rejoint les communautés historiques de la capitale, originaires des pays et comptoirs de l'ancien Empire portugais : Brésiliens, Cap-Verdiens, Angolais, Indiens, etc. La tendance s'est inversée avec la crise : entre 2011 et 2015, environ 500 000 Portugais sont partis s'exiler dans d'autres pays d'Europe, en Angola ou au Brésil. Une amorce de retour se fait sentir à partir de 2017, avec l'espoir d'une embellie économique.

Le poids de la religion

Laïc depuis 1976, le Portugal n'en demeure pas moins un pays de tradition catholique. La fréquentation des messes dominicales est à la baisse à Lisbonne comme dans le reste du pays, mais les fêtes religieuses restent importantes. Les mentalités évoluent-elles moins vite pour autant ? Certes, il aura fallu attendre 2007 pour obtenir la dépénalisation de l'avortement ; mais en 2010, le Portugal était dans le peloton de tête des pays européens à autoriser le mariage homosexuel, et il le reste dans bien des débats d'actualité, comme ceux sur la fin de vie, sur la PMA ou dans la lutte contre les discriminations de genre.

Littérature et cinéma

Le Portugal entre dans la littérature à la fin du 12e s. avec la poésie des troubadours, influencée par le lyrisme provençal. La Renaissance introduit l'humanisme et un renouveau de la poésie et de l'art dramatique. La grande figure de cette époque reste **Luís de Camões** (1524-1580). Dans sa vaste fresque des *Lusiades* (1572), le poète épique retrace l'épopée de Vasco de Gama à la manière de *L'Odyssée*. Il devient ainsi le chantre des Grandes Découvertes, après une vie aventureuse en Afrique et en Asie.

Et puis vint Pessoa

Presque inconnu à sa mort, **Fernando Pessoa** (1888-1935) est considéré aujourd'hui comme le plus grand écrivain portugais depuis la Renaissance (*p. 152*).
Après la révolution de 1974 et plus encore dans les années 1980, parallèlement à la redécouverte de Pessoa, la littérature portugaise connaît un renouveau. Avec des écrivains tels **António Lobo Antunes** (*Au bord des fleuves qui vont*, 2010), **Lídia Jorge** (*Le Rivage des murmures*, 1988) ou **José Cardoso Pires** (*L'Invité de Job*, 1963 ; *Ballade de la plage aux chiens*, 1982), la notoriété de la nouvelle littérature portugaise dépasse les frontières.
José Saramago (1922-2010), à travers ses romans (*Le Dieu manchot*, 1982, *L'Aveuglement*, 1995...), brasse les grands mythes de l'histoire du Portugal ; son œuvre est couronnée par le prix Nobel en 1998. Et la relève est assurée par une jeune génération prometteuse, avec **Valter Hugo Mãe**, **Gonçalo M. Tavares** ou encore **José Luís Peixoto**.

Un cinéma original

Dans les années 1930 et 1940, le cinéma portugais s'épanouit autour de thèmes populaires, de films ruraux ou de comédies de mœurs. Puis l'idéologie salazariste prime avec le réalisateur « officiel » António Lopes Ribeiro (1908-1995). En rupture avec la dictature émerge le **Cinema Novo**, équivalent de la Nouvelle Vague française. Mais le cinéma portugais doit sa renommée internationale, à partir des années 1980, à l'œuvre considérable de **Manoel de Oliveira** (1908-2015), qui s'inspire largement de la littérature. La génération suivante a perpétué la tradition d'un cinéma d'auteur exigeant.
Aujourd'hui, tous les regards se tournent vers **Miguel Gomes**, encensé par la critique pour *Tabou* en 2012, puis en 2015 pour son triptyque, *Les Mille et Une Nuits*. Le réalisateur signe en 2021, avec Maureen Fazendeiro, le *Journal de Tûoa*, tourné durant le confinement. Sorti en 2020 en France, *L'Ordre moral* a révélé le talent plus académique de **Mário Barroso**, ancien collaborateur et acteur de Manoel de Oliveira, de João Monteiro (1939-2003) et du Chilien Raúl Ruiz (1941-2011). En 2023, **João Canijo** signe un chef d'œuvre avec son diptyque *Mal Viver/Viver Mal*.

Le fado

Le destin d'une musique

Mélopée dérivée des poésies chantées par les troubadours du Moyen Âge, chant d'origine mauresque ou afro-brésilienne, les hypothèses ne manquent pas sur les origines du fado. Il apparaît au Portugal à la fin du 18e s. dans le quartier populaire lisboète de la **Mouraria**, et se développe au début du 19e s., dans une période agitée par les guerres napoléoniennes et l'indépendance du Brésil. Ces circonstances expliqueraient le succès de ce chant triste, dont les principaux thèmes évoquent les fluctuations du destin. Son nom viendrait d'ailleurs du latin *fatum*, « destin ». Le fado est inscrit depuis 2011 au patrimoine culturel immatériel de l'Humanité par l'Unesco.

Populaire depuis 1820

Le fado acquiert sa popularité à Lisbonne dès 1820, avec la chanteuse **Maria Severa**. En 1833 s'ouvrent les premières maisons de fado. À partir de 1870, les aristocrates l'adoptent. À la fin du 19e s., le fado devient un genre littéraire et les grands poètes et écrivains du moment s'y essaient. Au début du 20e s., il sert de support aux luttes idéologiques. **Amália Rodrigues** *(☛ p. 152)*, avec une voix incomparable et un choix de textes de qualité, lui fait dépasser les frontières. Considérée comme la plus grande interprète de ce genre musical, elle lui a conféré une gloire internationale telle qu'il est devenu le symbole du Portugal et de sa *saudade*. Le *fado vadio* (« fado vagabond »), un fado populaire, est le plus typique de Lisbonne.

Aujourd'hui, de nombreux artistes incarnent le fado dans toute sa pureté ou le réinventent en lui associant d'autres influences : Camané, Filipa Pais, Marta Dias, Mísia, Paulo Bragança, Sofia Varela, Mariza, Bévinda (qui chante le « fado de Paris »), Cristina Branco, et la chanteuse du célèbre groupe Madredeus, Teresa Salgueiro. La relève est assurée avec Katia Guerreiro, Ana Moura, António Zambujo ou encore la toute jeune Mara Pedro.

Où l'écouter

À Lisbonne, des spectacles de fado sont donnés tous les soirs dans les quartiers de l'Alfama et du Bairro Alto. Rançon d'un succès international, nombre de maisons de fado sont devenues extrêmement touristiques et le chant y perd de son âme. Aussi la frontière est-elle désormais assez floue entre un fado authentique et sa version frelatée, servie entre poire et fromage au cours d'un dîner-spectacle de cabaret. La bonne solution ? Se rendre dans les maisons de fado après le dîner, vers 22h, pour écouter les musiciens en buvant simplement un verre.

☛ *Museu do Fado (p. 55), Casa-Museu Amália Rodrigues (p. 33), « Sortir » (p. 112).*

Escadinhas de São Cristóvão dans la Mouraria : fresque collective dédiée au *fado vadio*.

Maria Severa
Fado
VADIO

Les grands personnages

Saint Antoine

Plus connu sous le nom de saint Antoine de Padoue, Fernando de Bulhões (1195-1231) n'était pas italien mais bel et bien portugais, né à Lisbonne. C'est d'ailleurs le saint patron officieux de la ville, célébré avec ferveur le 13 juin, jour férié à Lisbonne (*encadré p. 58*).

Vasco de Gama

Né en 1469 à Sines (Alentejo), le célèbre navigateur portugais, parti de Belém en 1498, fut le premier Européen à atteindre les Indes par la mer, en contournant le cap de Bonne-Espérance. Fils d'un noble portugais, il sera nommé vice-roi des Indes peu avant sa mort, en 1524, à Cochin, au sud-ouest de l'Inde.

Le marquis de Pombal

Premier ministre du roi Joseph Ier, ce despote éclairé (1699-1782) mène le pays d'une main de fer, renforce le pouvoir royal, relève les finances et reconstruit Lisbonne après le séisme de 1755. Révolutionnaire pour l'époque, l'architecture pombaline se base sur un urbanisme fonctionnel et uniforme (*p. 145*).

Calouste Gulbenkian

Arménien né à Istanbul (1869-1955), ce richissime philanthrope, grand amateur d'art, devient lisboète à partir de 1942. En quarante ans, il réunit une collection remarquable et éclectique. Il a fait don au Portugal de son immense fortune, qui a servi à créer la fondation Calouste-Gulbenkian (*p. 74*).

Fernando Pessoa

Génie complexe et précurseur, ce modeste employé de bureau lisboète (1888-1935) a renouvelé la poésie portugaise. On lui doit aussi *Le Livre de l'intranquillité*, chef-d'œuvre de la littérature mondiale, livre inclassable en forme de recueil d'aphorismes et de réflexions. Publiés plus de quarante ans après sa mort, ces feuillets retrouvés presque par hasard au fond d'une malle vont marquer un tournant dans la littérature portugaise des années 1980 (*p. 149 et Casa Fernando Pessoa, p. 32*).

Amália Rodrigues

La reine du fado (1920-1999) a porté la gloire de ce chant au-delà du Portugal. Tout en respectant les racines du fado, elle a su innover en faisant appel aux grands poètes, notamment Pessoa. Accusée d'accointances avec le pouvoir salazariste, elle est mise à l'écart mais revient vite sur le devant de la scène. En 1999, ses funérailles sont nationales. L'hommage est unanime. *Casa-museu Amália Rodrigues, p. 33.*

Le football

Une passion nationale

Le rectangle que forme le Portugal à l'extrémité de l'Europe ressemble à un terrain de football : signe évident d'une prédestination ! Plus sérieusement, le *futebol* est sans conteste le sport national du Portugal. Des joueurs comme Luís Figo, Pauleta ou aujourd'hui le talentueux Cristiano Ronaldo ont été ou sont des stars de renommée mondiale. Les jours de match du championnat national, ou lors des rencontres internationales, les cafés se remplissent et les drapeaux apparaissent aux balcons, surtout si la compétition concerne l'équipe nationale ou l'une des équipes des trois clubs les plus fameux du pays.

Des clubs de renom

Ce qui se transmet surtout de génération en génération, un peu comme la religion ou la politique, c'est l'attachement à un club. En fait, les Portugais affichent plus d'intérêt pour les clubs que pour les *quinas*, l'expression désignant l'équipe nationale (les *quinas* sont aussi les cinq écus qui ornent le drapeau portugais). Trois clubs sont incontournables : le **Benfica**, une « institution » lisboète née en 1904, ayant remporté le plus grand nombre de titres ; le **Sporting Clube de Portugal**, les Verts ou « lions d'Alvalade », le berceau de grands joueurs portugais ; le **FC Porto**, né en 1893, qui a dominé les championnats nationaux de la dernière décennie.

Le bel Euro 2004

Près de 20 ans plus tard, on s'en souvient toujours avec émotion : 2004 fut l'année magique du football portugais. L'ambition affichée était de gagner l'Euro, la plus grande manifestation sportive jamais organisée dans le pays. Hélas, le Portugal a perdu la finale. Reste le plaisir d'avoir vu jouer une belle et courageuse *seleção*. Le titre de vice-champion d'Europe est à ranger dans le livre des souvenirs, aux côtés de la 3e place remportée lors de la Coupe du monde 1966. Reste aussi la satisfaction d'avoir parfaitement préparé une compétition qui nécessita la construction de stades, de routes et d'autoroutes. Cinq nouveaux stades ont été construits, certains dessinés par de grands noms de l'architecture portugaise. Cinq autres ont été remis à niveau, dont les trois plus grands clubs du pays. Reste enfin la satisfaction d'avoir reçu sans incidents près de 3 millions de visiteurs (le pays comptait 10,5 millions d'habitants !). Incontestablement, l'événement n'était pas qu'une affaire de ballon rond.

Depuis, l'équipe de **Cristiano Ronaldo** s'est distinguée en remportant l'Euro en 2016, suscitant une belle vague d'enthousiasme populaire. **Bernardo Silva**, qui évolue depuis 2021 au Manchester City FC, s'affiche comme l'étoile montante du football portugais.

La gastronomie

Mordus de morue

À la seule évocation de la cuisine portugaise, on pense aussitôt à la morue *(bacalhau)*, qui occupe une place particulière dans l'histoire du pays. « L'amie fidèle », comme la surnomment les Portugais, est l'aliment-roi, le plat traditionnel de Noël, la friandise omniprésente sous forme de beignets *(pastéis)*... Mais la cuisine portugaise, qui fait une grande place à l'huile d'olive et à l'ail, ainsi qu'à de nombreux aromates (romarin, laurier, coriandre, etc.), sait accommoder bien d'autres **poissons**. Sardines grillées, lamproies, lottes, saumons du Minho, aloses du Tage et thons de l'Algarve se retrouvent dans l'assiette, aux côtés des **fruits de mer** *(mariscos)* et des poulpes, qui abondent. Au final, le Portugal affiche une belle consommation de poisson par habitant : 57 kg par an, contre 21,5 kg en moyenne en Europe !

La viande aussi

Le **porc** est accommodé et préparé de multiples façons : rôti, en ragoût, en saucisses de langue fumée *(linguiça)*, en filets fumés *(paio)*, en jambon fumé *(presunto)*. Accompagné de haricots *(feijãos)* rouges ou blancs, de chou et de saucisson fumé *(chouriço)*, le jambon devient un des composants de la **feijoada**. La viande de porc à l'alentejane – *carne de porco à alentejana* – est marinée dans le vin et préparée avec des praires *(amêijoas)* ou des pommes de terre *(carne de porco à portuguesa)*. Le **bœuf** apparaît souvent sous forme de steak, comme le *bife a cavalo* (steak « à cheval », surmonté d'un œuf frit). On fait aussi, plus rarement, rôtir à la broche cabris et agneaux.

Fromages et desserts

S'il n'est pas le pays du fromage, le Portugal compte assez de variétés pour faire hésiter les amateurs. Ne manquez pas de goûter à l'**azeitão**, petit fromage de brebis crémeux produit dans la région de Lisbonne, que l'on sert le plus souvent en entrée.

Une chance pour les becs sucrés, le Portugal compte un nombre infini de gâteaux, presque tous à base d'œufs, hérités de vieilles recettes conventuelles, comme le **toucinho-do-céu** (lard du ciel), les **barrigas de freira** (ventres de nonne) et les **queijadas de Sintra**, aux amandes et fromage de brebis frais. Le **pudim flan**, sorte de crème renversée, a sa place dans la plupart des menus. Avec les mêmes ingrédients, on obtient le **leite-creme**, plus crémeux. L'**arroz doce** (riz au lait), saupoudré de cannelle, est souvent réservé aux repas de fête. Sans oublier, évidemment, le célèbre et délicieux **pastel de nata** (*pastéis de nata* au pluriel) : un flan, dans une pâte feuilletée, saupoudré de cannelle et qui accompagne en général le café *(bica)*.

Le vin

Des crus typés

Dixième producteur mondial de vin en 2022, neuvième par la superficie de son vignoble, le Portugal possède une gamme très riche de crus. Contrairement à d'autres vins du monde, les vins portugais n'ont pas cédé aux sirènes de la mondialisation et ont su garder leur goût traditionnel, ce qui fait leur charme et leur qualité, à des prix abordables. Lisbonne n'est pas au cœur d'une zone de production mais vous pourrez y découvrir, au gré de vos repas, un échantillon de la diversité viticole portugaise.

Une star, le porto

C'est le plus célèbre, celui qui a valu au vignoble portugais sa réputation internationale. Ne confondez pas : la ville de Porto n'abrite que des maisons de négoce. Le vignoble proprement dit se trouve en amont, accroché à des pentes abruptes façonnées au fil des siècles, au prix d'un colossal labeur. Les hommes ont sculpté la montagne de granit et de schiste en minces terrasses consolidées par des murets pour y planter la vigne. Ce faisant, ils ont transformé la vallée du Douro en un paysage grandiose, classé au Patrimoine de l'humanité par l'Unesco. Les Anglais sont à l'origine de ce chef-d'œuvre : ils ont découvert, dans la seconde moitié du 17e s., le vin de table rouge et sec des versants de la vallée du Douro et l'ont transformé en porto. Ils possèdent toujours de vastes domaines viticoles dans cette région qui fut, en 1756, la première au monde à être strictement délimitée. Trois siècles plus tard, la France, gros consommateur, importe autour de 20 % de la production (plus que l'Angleterre).

Et bien d'autres...

Une trentaine de crus possèdent une *Denominação de Origem Controlada* (DOC, l'équivalent de l'AOC française) ou une *Denominação de Origem Protegida* (DOP). Viennent s'ajouter les vins d'*Indicação de Proveniência Regulamentada* (IPR), de qualité inférieure, ainsi que des appellations régionales ou vins de pays. L'un des plus célèbres, produit dans le nord du pays, est le **vinho verde** (vin vert), à faible teneur alcoolique (8 à 11,5°), léger, pétillant, fruité, un peu acidulé même. Parmi les différentes régions vinicoles du Portugal se distingue le **Douro**, dont les vins sont considérés comme les meilleurs du pays. Des vignobles produisant également des rouges réputés émaillent la région **Centre** (Bairrada, Dão et Lafões) et l'**Alentejo** (Reguengos, Redondo, Borba, etc.), terre de vins puissants et charpentés. L'Algarve est en progrès constant, de même que la région de Setúbal, dont sont issus des crus racés et des blancs subtils.

N

O

P

Q

R

S

T

U

V

Collection sous la direction de Philippe Orain

Responsable d'édition et rédactrice en chef du guide : Florence Dyan

Secrétaire d'édition Élisabeth Cautru

Rédaction Célia Bénisty, Philippe Bourget, Jean-Moïse Braitberg, Séverine Cachat, Tiphaine Cariou, Élisabeth Cautru, Françoise Dupont, Michel Fonovich, Alexandra Forterre, Serge Guillot, Guylaine Idoux, Emmanuelle Lepetit, Valérie Minet, Denis Montagnon, Jérôme Saglio

Ont contribué à ce guide Steluța Anghel, Theodor Cepraga, Leonard Pandrea (plan transport), Costina-Ionela Lungu (**Cartographie**), Véronique Aissani, Carole Diascorn (**Couverture**), Marion Capera, Marie Simonet (**Iconographie**), Andra-Florentina Ostafi (**Données objectives**), Bogdan Gheorghiu, Cristian Catona, Gabriel Dragu, Hervé Dubois, Pascal Grougon (**Prépresse**), Dominique Auclair (**Pilotage**)

Plans et cartes : © MICHELIN 2023

Conception graphique Laurent Muller (maquette intérieure)
Véronique Aissani (couverture)

Régie publicitaire et partenariats contact.clients@editions.michelin.com
Le contenu des pages de publicité insérées dans ce guide n'engage que la responsabilité des annonceurs.

Contacts Vous souhaitez nous contacter ?
Rendez-vous dans la rubrique contact de notre site Internet :
editions.michelin.com

Parution 2024

MICHELIN Éditions
Société par actions simplifiée au capital de 487 500 EUR
57 rue Gaston Tessier – 75019 Paris (France)
R.C.S. Paris 882 639 354

Crédits photographiques p. 4-5
(de gauche à droite et de haut en bas)

Axiom/hemis.fr
ElenaPhotos/Getty Images Plus
M. Borgese/hemis.fr
Holger Leue/Look/Photononstop
Ingus Kruklitis/Getty Images Plus
Sohadiszno/Getty Images Plus
J. C. Muñoz/age fotostock
lite_2046/Getty Images Plus
miralex/Getty Images Plus
JoseIgnacioSoto/Getty Images Plus

Dépôt légal : 08-2023 – ISSN 0293-9436
Compograveur : MICHELIN Éditions, Paris
Imprimeur : Geers Offset, Gent (Belgique)
Imprimé enBelgique : 08-2023

Usine certifiée 14001
Sur du papier issu de forêts bien gérées